国家科学思想库

科学与人生 ///////////

中国科学院院士传记

陈翰馥传

程代展 方海涛 齐洪胜 ／著

科学出版社

北　京

图书在版编目(CIP)数据

陈翰馥传/程代展,方海涛,齐洪胜著. —北京:科学出版社,2020.8
ISBN 978-7-03-065419-9

Ⅰ.①陈… Ⅱ.①程… ②方… ③齐… Ⅲ.①陈翰馥-传记 Ⅳ.①K826.16

中国版本图书馆 CIP 数据核字(2020) 第 096355 号

责任编辑:李 欣 陈晶晶/责任校对:邹慧卿
责任印制:肖 兴/封面设计:有道文化

科 学 出 版 社 出版

北京东黄城根北街 16 号
邮政编码:100717
http://www.sciencep.com

中国科学院印刷厂 印刷

科学出版社发行 各地新华书店经销

*

2020 年 8 月第 一 版 开本:720×1000 1/16
2020 年 12 月第二次印刷 印张:15 1/4 插页:6
字数:310 000

定价:98.00 元
(如有印装质量问题,我社负责调换)

陈翰馥

  陈翰馥，系统控制学家，国内随机系统控制理论研究的先行者和奠基人，为系统控制研究人才的培养、推动系统控制理论在中国的发展做出了杰出贡献。

  陈翰馥 1937 年 2 月出生于浙江杭州，其父为著名数学家陈建功。1961 年毕业于苏联列宁格勒大学，此后在中国科学院数学所/系统所工作。迄今为止发表期刊论文 220 余篇，出版专著 8 本，在随机信号的滤波、随机系统的状态估计，递推辨识、随机逼近及适应控制等方面做出大量国际领先的创新性工作。1993 年当选为中国科学院院士，1996 年当选为 IEEE Fellow。2005 年当选为第三世界科学院院士，2006 年当选为 IFAC Fellow. 他曾任国际自动控制联合会(IFAC)执委(2002-2005)、中国自动化学会理事长(1993-2002)、中国数学会常务理事(1993-1999)以及第十四届 IFAC 世界大会(1999，北京)的国际程序委员会(IPC)主席。

1956 年陈翰馥与父亲陈建功在列宁格勒合影

1959 年参加集体农庄劳动在住所前留影，左二为陈翰馥

1962 年与同事合影

第四排左起：张润通(数学所)、郑之辅(数学所)、稽兆衡(国防部第五研究院)、金维言；第三排左起：毕大川、秦化淑、陈翰馥、丘洤兴(国防部第五研究院)、陈俊本、华俊荣；第二排左起：安万福、张鄂棠、唐志强(国防部第五研究院)、何关钰、韩京清、狄昂照；第一排左起：关肇直、吴新谋(数学所)、张学铭(山东大学)、王寿仁(数学所)、张素诚(数学所)

1972 年一家三口于紫竹院，聪明活泼的儿子为小家庭增添了无尽欢乐

1976 年陈翰馥与关肇直先生赴贵州遵义参加合作课题研究

1981 年接待 K. J. ÅSTRÖM 来访，关肇直(右一)、
陈翰馥(右二)

1981 年在日本京都参加第八届 IFAC 世界大
会，与秦化淑合影

1987 年于德国慕尼黑参加第十届 IFAC
世界大会

1988 年在北京举办的 IFAC 系统辨识与参数
估计国际会议上陈翰馥(右三)和 Sunahara 教
授(右二)等日本友人合影

1989 年在西安参加全国控制理论及
其应用学术年会

前排左起：张纪峰、唐乾玉、高爱军；后排左起：郭
雷、陈翰馥、王炎生

1991 年陈翰馥与 P. Caines 在北京家里

1993 年在悉尼举办的第十二届 IFAC 世界大会上郭雷获青年作者奖后陈翰馥前来祝贺

1994 年参加在中国香港举办的控制和制造新方向的专题研讨会

左起：谈自忠、K. J. Åström、陈翰馥、何毓琦、蒋新松

1996 年春节在中关村家中聚会

1996 年与系统所院士合影

左起：林群、万哲先、吴文俊、许国志、陈翰馥

1997 年于系统所

左起：秦化淑、陈翰馥、宋健、王恩平

1997 年偕夫人王淑君到杭州看望继母，与来访的谷超豪、胡和生夫妇合影

1999 年担任第十四届 IFAC 世界大会程序委员会主席

1999 年参加第十四届 IFAC 世界大会
左起：谈自忠、吕勇哉、路甬祥、陈翰馥

2003 年于杭州家庭聚会

2005 年访问新加坡国立大学、南洋理工大学期间与教授们合影

2006 年在巴西接受第三世界科学院(TWAS)院士证书

2006 年回到家乡绍兴的老宅

2007 年参加中国控制会议专题研讨会
左起：陈本美、陈翰馥、段广仁

2007 年参加第六届国际控制与自动化会议与
控制界同人合影

2008 年实验室工作会议
前排左起：程代展、王龙、陈翰馥、段广仁、张纪峰、张旭；后排左起：刘志新、裴海龙、方海涛、洪奕光、黄一、常金玲

2008 年和儿子一家共贺乔迁之喜、享天伦之乐

2009 年在红螺寺
左起：张纪峰、陈翰馥、郭雷

2009 年参加 CDC-CCC 合影
前排 右起：郭雷、陈翰馥、冯刚、谢立华；后排右起：张纪峰、陈本美、程代展、汪小帆、胥布工、李少远、丁正桃

2013 年陈建功诞辰 120 周年纪念活动，陈建功
后人和他的部分学生合影
夏道行(右三)、石钟慈(右五)、越民义(右六)、
石钟慈夫人(左二)

2013 年金婚纪念照——五十年风雨情

陈氏兄妹大家庭与夫人王淑君的兄长一家
齐聚一堂

2014 年陈翰馥奖评奖委员会主席郭雷向何毓
琦颁发获奖证书

2015 年于日本大阪参加 CDC，与北京理工大
学陈杰(右)及香港中文大学陈杰(中)合影

2014 年实验室新年晚会
左起：赵延龙、郭雷、齐洪胜、薛文超、陈翰馥

跃在科研第一线，和年轻人合作研究(2016 年)

亲自指导研究生，定期召开讨论班(2016 年)

2017 年在新科祥园家中招待同事

2017 年在华府尚园家中招待同事

陈翰馥与程代展

桥牌——以牌会友、谈笑风生

总　序

中国科学院学部科普和出版工作委员会决定组织出版《科学与人生：中国科学院院士传记》丛书，这是一件很有意义的文化工程。首批入传的22位院士都是由各学部常委会认真遴选推荐的。他们中有学科领域的奠基者和开拓者，有做出过重大科学成就的著名科学家，也有毕生在专门学科领域默默耕耘的一流学者。每一部传记，既是中国科学家探索科学真理、勇攀科学高峰的真实情景再现，又是他们追求科学强国、科教兴国的一部生动的爱国主义教材。丛书注重思想性、科学性与可读性相统一，以翔实、准确的史料为依据，多侧面、多角度、客观真实地再现院士的科学人生。相信广大读者一定能够从这套丛书中汲取宝贵的精神营养，获得有益的感悟、借鉴和启迪。

中国科学院学部成立于1955年，经过50多年的发展，共选举院士千余人，荟萃了几代科学精英。他们中有中国近代科学的奠基人，新中国的主要学科领域的开拓者，也有今天我国科技领域的领军人物，他们在中国的各个历史时期为科学技术的发展做出了历史性的贡献。"五四"新文化运动以来，一批中国知识精英走上了科学救国的道路，他们在政治动荡、战乱连绵的艰难岁月里，在中国播下了科学的火种，推动中国科技开始了建制化发展的历程。新中国成立后，大批优秀科学家毅然选择留在大陆，一批海外学子纷纷回到祖国，在中国共产党的领导下，开创了中国科学技术发展的新篇章。广大院士团结我国科技工作者,发扬爱国奉献、顽强拼搏、团结合作、开拓创新的精神,勇攀世界科技高峰,创造了举世瞩目的科技成就,为增强我国综合国力、提升自主创新能力做出了重要贡献,为国家赢得了荣誉。他们的奋斗历程,是中国科学技术发展的历史缩影;他们的科学人生,是中华民族追求现代化的集中写照。

当今世界,科学技术已成为支撑、引领经济社会发展的主要动力和人类文明进步的主要基石。广大院士不仅是科学技术发展的开拓者,同时也是先进文化的传播者,在承担科技研究工作重任的同时,还承担着向全社会传播科学知识、科学方法、科学思想、科学精神的社会责任。希望这套丛书的出版能够使我国公众走近科学、了解科学、支持科学,为全民族科学素养的提高和良好社会风尚的形成做出应有的贡献。

科学技术本质是创新,科技事业需要后继有人。广大院士作为优秀的科技工作者,建设并领导了一个个优秀的科技创新团队;作为教育工作者,诲人不倦,桃李满天下。他们甘当人梯、提携后学的精神已成为我国科技界的光荣传统。希望这套丛书能够为广大青年提供有益的人生教材,帮助他们吸取院士们追求真理、严谨治学的科学精神与方法,领悟爱国奉献、造福人民的科技价值观和人生观,激励更多的有志青年献身科学。

记述院士投身我国科学技术事业的历程和做出的贡献,不仅可为研究我国近现代科学发展史提供生动翔实的新史料,而且对发掘几代献身科学的中国知识分子的精神文化财富具有重要意义。希望《科学与人生:中国科学院院士传记》丛书能够成为广大读者喜爱的高品位文化读物,并以此为我国先进文化的发展做出一份特有的贡献。

是为序。

2010 年 3 月

序

　　2016 年岁末的一天，陈翰馥院士的一些学生和中国科学院系统控制重点实验室的几位同事聚在一起，自发地想为陈翰馥的八十岁华诞筹备一点贺寿事宜。当时议定的一件事是编辑一本影集，反映陈老师的八十年人生历程和他与学生、同事共同经历过的岁月掠影。七嘴八舌之下，有人提议：为陈老师写一本传记。程代展因平时喜欢舞文弄墨，成了众人推举的目标。

　　程代展回想起从 1978 年到中国科学院数学研究所读研，至今四十余年，不但在学术上得到陈老师的许多指导，而且在生活上、在人生道路上得到的陈老师的提携和指点，更是不胜枚举。这种亦师亦友的情谊不是只言片语所能表达的。关于陈老师的学问、为人等许多事情至今历历在目，感人至深。于是，在众人的推举下，程代展也就勉为其难地应承了下来。但毕竟术业有专攻，于是邀请了陈老师的博士后和长期合作者方海涛参与写作和学术把关。而材料的组织、文图的编辑，则是齐洪胜的特长，于是，便有了三人的写作团队。

　　在写作过程中，我们多次同陈老师深谈，同时，也采访了他的一些学生和同事。在这个过程中，我们更加了解陈老师的思想、情怀，这令我们感触良多：不仅看到了一位杰出的学者，更发现了一种高尚的人格，仿佛听到一首感人至深的生命之歌。

陈翰馥 1937 年 2 月生于浙江杭州, 1948 年入浙江绍兴县立中学, 后并入浙江省立绍兴中学, 1952 年因父亲工作调动转入上海复兴中学。从中学起他就对数学产生了浓厚兴趣, 立志学数学。1954 年高中毕业后被保送到留苏预备部, 在北京工业俄语专科学校学习一年俄语。1955 年暑期宣布留苏学员分配方案, 他被分到列宁格勒水运工程学院工程经济系, 这个专业和数学相距甚远, 但考虑到国家的需要, 他和许多热血青年们一道打点行装, 登上了北去的列车。

1957 年暑期, 陈翰馥在第聂伯河基辅港实习期间获悉国家正在调整留学生专业, 成为数学家的愿望又在他胸中燃起, 他只身前往我国设在莫斯科的留学生管理处, 力陈理由, 申请更换专业。或许是个人命运注定与数学有着不解之缘, 他的申请获得批准并于 1957 年秋季转入著名的列宁格勒国立大学 (今俄罗斯圣彼得堡国立大学) 数学力学系, 许多国际知名数学家 (菲赫金哥尔茨、法捷耶夫、林尼克、伊勃拉基莫夫等) 亲自授课, 以门门 5 分的成绩于 1961 年毕业, 陈翰馥的导师挽留他继续留苏深造, 但未能如愿。

陈翰馥回国后被分配到中国科学院数学研究所, 1962 年成为钱学森和关肇直创建的控制理论研究室首批成员, 任研究实习员。1978 年陈翰馥被破格提升为中国科学院数学研究所副研究员, 1979 年 10 月转入新成立的系统科学研究所, 1983 年被评为博士研究生导师, 1986 年晋升为研究员, 1987—1991 年任中国科学院系统科学研究所副所长, 1994 年任中国科学院系统控制开放实验室首位主任, 1995—1998 年任中国科学院系统科学研究所所长, 现为中国科学院数学与系统科学研究院研究员。

陈翰馥于 1987 年和 1997 年先后两次获国家自然科学奖三等奖, 1993 年当选中国科学院院士, 1996 年当选美国电气和电子工程师协会 (IEEE) 会士 (fellow), 2005 年当选第三世界科学院院士, 2006 年当选国际自动控制联合会 (IFAC) 会士, 2014 年当选国际系统与控制科学院院士, 2014 年被评为 "科学中国人年度人物"。曾任中国科学院数学与系统科学研究院学术委员会副主任 (2003—2012 年)、中国自动化学会理事长 (1993—2002 年)、中国数学会常务理事 (1993—1999 年)、国际自动控制联合会理论委员会副主席 (1987—1993 年)、技术局成员 (1993—2002 年)、理事会

成员 (council member, 2002—2005 年)。曾任《系统科学与数学》和《控制理论与应用》主编，国内期刊《中国科学》《科学通报》《数学学报》《应用数学学报》《数学物理学报》和国际期刊 *Systems and Control Letters*、*Adaptive Control and Signal Processing*、*Stochastics and Stochastic Reports*、*Control and Cybernetics*、*Discrete Event Dynamic Systems*、*Nonlinear Dynamics and Systems Theory* 等多家学术刊物编委。曾任 *Asian Journal of Control* 及 *Kybernetes* 的顾问，Birkhäuser 出版的系列书 *Systems & Control: Foundations and Applications* 的副主编 (1988—2001 年) 及顾问 (2001 年 —)。

陈翰馥最初从事随机信号的滤波、内插与预报，1966 年他与合作者在《自动化学报》上发表了处女作《多项式叠加平稳过程信号的预报过滤问题》，之后由于"文化大革命"，研究工作中断 5 年之久。1971 年恢复研究工作后，他主要研究随机系统的状态估计及控制和对策等。从 20 世纪 80 年代至今，陈翰馥主要从事递推辨识、随机逼近及自适应控制的理论研究，这一时期完成了他迄今为止最重要的研究工作，使他逐步走向世界，成为使我国控制理论在国际学术界产生较大影响的学者。陈翰馥的主要学术成就如下。

(1) 20 世纪六七十年代，陈翰馥系统地研究了线性随机系统能观性和不用初值的状态估计的联系，给出了随机能观性和能控性的新定义，克服了以往这两个概念在确定性和随机性情形下不能统一的缺陷，当系统随机能观时，他还给出了不用初始条件的状态估计的递推公式，其代表性学术论文 *On stochastic observability and controllability* (《关于随机能观性和能控性》) 是"文化大革命"结束后代表我国参加 1978 年在赫尔辛基举行的 IFAC 第七届世界大会的唯一论文，在会上宣读后受到同行的重视和好评，并被推荐到 IFAC 学术期刊 *Automatica* 于 1980 年全文发表。在这期间陈翰馥的另一项代表工作是奇异随机控制问题，他给出了使指标趋于最优的随机控制序列，从而解决了这一曾在 20 世纪六七十年代长期没有解决的问题。

(2) 在 20 世纪 80 年代，陈翰馥的研究转向随机系统的辨识和自适应控制。他于 1982 年发表在《中国科学》上的论文《最小二乘辨识的强一致性及收敛速度》较早证明了当常用的"持续激励"条件不满足且噪声方差可能无界增长时最小二乘估计的强一致性。在此期间，他把当时在国际上流行的分析递推算法的常微分方程方法和鞅方法结合起来，得到一大类梯度型算法收敛的充分条件，并把"小激励"方法用到自适应控制中，使跟踪误差小于任一事先给定值，同时参数估计收敛到真值。加拿大 P. Caines 教授在他的专著 *Linear Stochastic Systems* (John Wiley, 1988 年) 中把这个条件称为"陈氏条件"，并用相当大的篇幅引用了该结果。在随机系统的辨识和自适应控制方面，陈翰馥与合作者给出了估计误差的收敛 (或发散) 速度，并用"衰减激励"方法，给出最优随机自适应控制，同时使系统的参数估计值收敛到真值。"衰减激励"方法在国外学术刊物上被公开评价为"强有力的方法"。

(3) 在 20 世纪 90 年代，陈翰馥着重研究随机逼近算法以及用随机逼近算法解决系统控制和信号处理中的问题。随机逼近算法从 20 世纪 50 年代初提出来后，广泛地用于参数估计、优化等领域，但保证算法收敛所要求的条件不易满足，从而这类算法应用范围受到很大限制。早在 20 世纪 80 年代，陈翰馥就和合作者提出"变界截尾"的方法，不用再对未知函数限制增长速度，这种算法后来称为"扩展截尾的随机逼近算法"。陈翰馥致力于把收敛条件降到最低，使随机逼近应用范围大为拓广。目前，扩展截尾的随机逼近算法已成功地应用于非线性系统辨识、自适应控制、自适应滤波、大范围优化、主成分分析等领域。

(4) 进入 21 世纪以来，陈翰馥的研究重点在系统辨识方面，特别是 Hammerstein 和 Wiener 系统等非线性随机系统及变量带误差系统的辨识。目前对这几类系统常用的辨识方法是对固定样本数据集用优化方法求估计，当得到新的数据时，新的估计值不能用修正已有估计值的办法递推地获得，所以当数据值能不断获得时，已有的方法并不适用并且也不能保证以概率 1 的收敛性。陈翰馥对 Hammerstein 和 Wiener 系统及线性变量带误差系统都给出了递推辨识算法，并证明了算法给出估计的强一致性，对 Hammerstein 和 Wiener 系统，不仅在辨识而且在自适应控制方面也取得了进展，给出的自适应控制使调节误差渐近地趋于极小值。

陈翰馥迄今为止发表期刊论文 210 余篇、专著 8 本，其中 4 本在美国及荷兰出版 (John Wiley、Birkäuser、Kluwer、CRC Press 各出版一本)，其余 4 本在国内出版。他先后到加拿大、美国、日本、澳大利亚、法国、荷兰、奥地利、中国香港等地做合作研究。1988 年他负责组织的 IFAC 系统辨识与参数估计国际会议在北京成功举行，对后来我国竞争主办 1999 年 IFAC 第十四届世界大会起了重要作用。陈翰馥参与了那届会议的组织和领导工作，并担任国际程序委员会主席，为会议的成功举行做出了重要贡献。

陈翰馥是国内随机系统控制理论研究的先行者和奠基人。在他培养的学生中涌现出中国科学院院士、国家杰出青年基金获得者、美国 IEEE 会士等一批自动控制理论的领军人物。陈翰馥院士为系统控制研究人才的培养、推动系统控制理论在中国的发展做出了杰出贡献。

作者谨识

2018 年 7 月，北京

目录

CONTENTS

第一章　出身世家的聪慧少年

一、　出身名门，地灵人杰

绍兴，这块古老而神奇的土地，自古以来，孕育了多少宗师巨匠、贤才豪杰：卧薪尝胆者勾践，千古书圣王羲之，巾帼英雄秋瑾，学界泰斗蔡元培，文学巨匠鲁迅，一代伟人周恩来……在这璀璨的群星中有一对父子双星：父亲是与华罗庚、苏步青齐名的同时代杰出数学家、我国近代函数论的开拓者陈建功；儿子是中国科学院院士、当代中国随机控制理论的主要奠基人之一陈翰馥。

陈建功

陈家是绍兴的大族，但天下并无长盛不衰的家业，到了陈翰馥的爷爷陈心斋，家族鼎盛之时已不再。好在读书识字的文化传承还在，陈心斋凭此在一个官办的慈善机构同仁堂里当了个职员。陈建功有六个妹妹，他是家里唯一的男孩。这样一个大家庭，就靠他父亲每月两块大洋的菲薄工资，勉强维持着一家人的温饱。

陈建功四岁时，父亲送他到某大户人家的私塾附读。他虽是附读，但"喧宾夺主"，不但背书快，而且领会好，把主人家的小孩远远地比了下去。那家主妇很不放心，于是特地关照私塾先生，说只有他们家的孩子背熟了才能往下讲。陈建功自幼好学，一次，祖母见他发烧，不让他上学，四岁的他嘴里说着："娘娘，我要去的！"于是挣脱祖母的手，就往外走。

陈建功六岁那年，他父亲在家打算盘，他就在一旁扒着桌边，目不转睛地盯着。他父亲感到奇怪，问他想不想学，他点点头，于是他父亲就教他如何从 1 算到 10。看到他饶有兴趣地用小手扒拉着算盘，他父亲就去睡午觉了，听任陈建功自己玩。等他父亲睡醒了，发现陈建功已经自己算到 100 了，这让他父亲大为吃惊。从此，他父亲有心多教陈建功一些数数、算账、打算盘等。陈建功一学就会，表现出很强的数学天赋。

读了几年私塾后，他进了绍兴有名的蕺山书院，与历史学家范文澜、文学家许钦文等做同学。由于家境贫困，初中毕业后，他父亲对陈建功说："孩子，我是供不起你继续念书了，你去找份工作吧。"陈建功感到一阵失落和茫然：他不忍心让父亲既要独自撑持全家的重负又要给自己筹措不菲的学费，但又舍不得放弃学业。后来他打听到有一所公办的绍兴师范学校，吃住全包，还免学费。他异常兴奋，赶快将这一消息告知他父亲。在他父亲的支持下，他报考了这所学校并顺利被录取。此后三年，他在绍兴师范学校继续了他的学业。

20 岁那年，他以优异的成绩从绍兴师范学堂毕业。这时，他又再次面临前途的抉择。当一个小学或中学教师，是大多数毕业生的自然选择，凭他的成绩，这不难。然而，陈建功意不在此，当初上师范也是形势所逼，身不由己。如今，继续求学的壮志未已，出国留学是他的梦想。他有一个好朋友，父亲开绉纱店，家境颇丰而又有一副侠义心肠。朋友得知他的志向和困境后自告奋勇，从家里要来 50 元钱借给他。1913 年的一天，陈建功就带着这 50 元借款，只身一人东渡日本，开始了第一次留学生涯。

到了东京的第二年，他考进了东京高等工业学校，并取得官费待遇。那时辛亥革命刚成功不久，中国政府将培养工程人才视为当务之急，要想得到官费待遇只能报考工科。但陈建功不肯放弃数学，于是又去报考了一所夜校：东京物理学校。顺利考取后，他抓紧时间，白天学化工，晚上学数学，就这样争分夺秒地学了五年。1918 年他从东京高等工业学校毕业，1919 年春又毕业于东京物理学校。

毕业后，陈建功抱着一颗爱国之心回到了家乡。很快，他得到了浙江省立甲种工业学校 (浙江工业大学前身) 的聘任，开始了他第一次的教学生涯。浙江省立甲种工业学校的前身是创立于 1910 年的浙江中等工业学堂，位于风景优美的杭州市，是浙江省最早的一所官立工业学堂，它与国立浙江大学有许多联系，是一所新型的西式学校。这里的学术气氛较浓，陈建功在教学之余，开始了他最初的数学研究。好学的他，很快发现自己的基础不足，于是有了继续深造的愿望。

1920 年，27 岁的陈建功再次下定决心，毅然辞掉教职，告别新婚的妻子，再次东渡日本。他顺利考进了日本东北帝国大学 (现称日本东北大学) 数学系。在大学一年级，他就发表了一篇论文，登在日本的《东北数学杂志》上。苏步青先生后来评价说：这是"一篇具有重要意义的创新性著作，标志着中国现代数学的兴起"。1923 年陈建功从日本东北帝国大学毕业，回国后在浙江工业专门学校教数学，1924 年应聘为国立武昌大学数学教授。

1926 年，他第三次负笈扶桑，到日本东北帝国大学当研究生，跟随导师藤原松三郎研究三角级数论。研究生期间，他发表了许多数学论文，致力于研究工作，跨越了数学中的不少分支。1929 年，他从日本东北帝国大学获博士学位，成为在日本取得理学博士学位的第一位外国学者。他的导师藤原松三郎曾在一次会上说："我一生以教书为业，没有多大成就，不过，我有一个中国学生，名叫陈建功，这是我一生最大的光荣。"

在先后留学的十六年间，他以持之以恒的精神专心精研函数论，尤其是深入探讨三角级数论，在三角级数理论方面建树颇多。回国后，他创立了具有自己特色的中国函数论学派，他们的工作在当时享有很高的国际声誉。日本母校也以他为荣，至今，在他曾留学的日本东北帝国大学校史馆，仍保存着关于他当年求学时的资料和他的学术成就的相关报道。

陈建功

陈建功于 1929 年回到国立浙江大学任数学系主任。回国前他邀请当时尚在求学的苏步青同到国立浙江大学。1931 年苏步青也从日本东北帝国大学获博士学位。苏步青回国前，陈建功向校长力荐苏步青。苏步青来后，他以苏步青行政能力强为由，将系主任一职让给苏步青。陈建功和苏步青二人在学术上互相配合，在国立浙江大学创立了一个强大的数学团队，该团队被称为陈苏学派，在 20 世纪 40 年代蜚声中外，与当时美国的芝加哥学派和意大利罗马学派三足鼎立于国际数学界。

陈建功对学术的痴迷和极高的数学造诣，不仅使其创立了一个中国的函数论学派，也影响了他们全家。陈翰馥的母亲 (继母) 出生于 1913 年，现年 106 岁，依然健在。她曾经是杭州大学的数学系教师。本该评上高级职称的她，因为担任杭州大学副校长的陈建功的坚持，将名额让给了她的同事。陈翰馥的二哥陈翰麟也是一位数学家，他是复旦大学的研究生，毕业后留校教学，后来调入中国科学院，成了数学研究所 (简称数学所) 的研究员。陈翰馥的一个弟弟在美国的阿拉巴马大学教数学。还有一个弟弟在杭州大学计算机系工作，陈翰馥的夫人王淑君教授也是中国科学院系统科学研究所 (简称系统所) 的研究员。陈翰麟的儿子陈竞一是陈家第三代数学家。他从北京大学 (简称北大) 数学系毕业，然后在美国斯坦福大学获得博士学位，导师是丘成桐的学生 Schoen，还在田刚处做过博士后，现在是加拿大不列颠哥伦比亚大学教授，专业是微分几何与偏微分方程……

数学及其相关领域的工作成为他们家族成员的主导职业,这是一个名副其实的数学之家。

1954 年家庭合影

与陈氏兄弟们合影

除早年去世的一个姐姐和一个弟弟之外,陈翰馥还有两个哥哥、三个弟弟、两个妹妹。从陈建功开始,这个家族是中华民族近百年历史的一个见证。陈建功代表的是新中国成立前为救国救民向西方寻找真理的老一代知识分子,陈翰馥的大哥原是国立浙江大学的学生,为抗美援朝弃学从军,后来一直在部队从事技术工作,直至退休。他的大弟弟赶上出国潮去了美国。陈翰馥和他的夫人、他的二哥等成了改革开放后中国知识分子的中坚、科技现代化的主力军。他的另外两个小弟和两个小妹,则经历了知识青年上山下乡、返城、重新开始人生之路的奋斗历程。陈翰馥的独生子陈鹤一赶上了改革开放的大好时机，很早就下海从商，成为一个成功的企业家。他们都是时代的弄潮儿，他们的身上承载着中华民族近百年深深的时代烙印。

二、 艰难时局，弊衣箪食

虽然祖籍在浙江绍兴，陈翰馥却出生在杭州。因为他父亲当时正在国立浙江大学执教。1937 年初的江浙一带，依然保存着一丝小桥流水、茂林修竹的宁静，以及岁丰年稔、鱼米之乡的富庶。1937 年 2 月 10 日，这天是农历大年夜，正当家家张灯结彩、鞭炮声声、喜庆过大年的时候，陈家又传来了喜讯：他们家的第三个儿子出生了。陈建功先生 44 岁再得一子，难掩心中之喜。爷爷陈心斋给他起了个名字叫陈翰福，"翰"是家族辈分所定，"福"是爷爷给孙子的祈祝。到陈翰馥上学的时候，父亲陈建功想给他起个大名，但又不肯违了爷爷的好意，思忖再三，将"福"改为谐音的"馥"。这一改确有点睛之功："翰馥"中的"翰"指书或文字，如"翰林""翰墨""翰苑"；"馥"是香的意义，"翰馥"二字，书香之气息跃然纸上。

宁静的日子很快被打破了，1937 年注定是一个不平静的年头，7 月 7 日日军进攻宛平城的枪炮声，宣告抗日战争 (简称抗战) 的全面爆发，8 月 13 日，淞沪会战爆发，这是抗战中最惨烈的一次血战。三个月后，上海失守。此后，杭州几乎无险可守。国立浙江大学开始西撤，临行前，陈建功将未满周岁的陈翰馥和他的二哥陈翰麟送回了绍兴老家，由他们的祖母和姑姑们照料。他自己则跟随国立浙江大学的师生一起向西南撤退。一路跋山涉水、忍饥受冻，还要随时躲避日本飞机的轰炸。国立浙江大学队伍 1937 年底从杭州西迁，历经浙江建德，江西吉安、泰和，广西宜山，辗转跋涉两千六百多千米，于 1940 年 2 月到达贵州遵义。起初在遵义建校，后来理学院迁到湄潭。这一路生活极端艰苦，但陈建功的数学研究与教学始终耕耘不辍，他从一开始就表示："决不留在沦陷区，一定要把数学系办下去，不使其中断。"

1941 年绍兴沦陷。当日本兵到达绍兴的时候，陈翰馥的祖母和姑姑们带着他们哥俩逃到绍兴郊区的农村。这一家人老的老、小的小，又缺吃少穿的，逃难的日子十分艰难，居无定所，饥寒交迫。流浪了一段时间，眼瞅着实在坚持不下去了，就只好又回到了绍兴老家。

日伪时期的生活十分艰苦，由于通信的不便，加上大后方生活的艰辛，身在西南的陈建功只是偶尔不定时地给家捎点钱，一家人的生活主要靠祖母和姑姑们替人做针线活挣点手工钱维持，日子过得十分艰辛。那时陈翰馥尚小，姑姑们不太敢出门，于是，他二哥小小年纪，就负担起接活送活的责任了。陈翰馥还记得，那时，家里吃不起大米，只能买六谷 (吴语方言，指玉米)，吃得最多的就是玉米面、萝卜、地瓜……

陈翰馥的六姑妈陈建琳也在国立浙江大学上过学，先后在稽山中学教过书、在越光中学当过校长。只是日伪时期不肯受聘，自己在家办了个补习班，教授数学等。抗战时期缺医少药，陈翰馥的弟弟得了急病，被送到医院后，说要先交三十元钱才能住院，当时家里拿不出钱，只好把孩子抱回家。还不等抱到家，孩子就断气了。此后不久，陈翰馥也突然得了急病，病得很重，甚至眼睛翻白，家里的老人都担心他没救了。陈建琳有个学生叫张霞龄，她的父亲是个老中医。张霞龄自告奋勇，把她父亲请来了。她父亲让找来辣椒、生姜、胡椒面等辛辣之物，用大缸里沉积的雨水，熬一碗汤，给陈翰馥灌了下去。不知是药力，还是命定，陈翰馥就此缓了过来，奇迹般地慢慢康复了。

五周岁时，陈翰馥就被祖母送进了小学。他虽年幼，却对上学、对知识和新鲜事物有一种天生的渴望。他上的那个小学叫卍 (音"万") 慈小学，"卍"是佛教的吉祥物。新中国成立前名称带"卍"的学校很多，至今中国香港、新加坡还有卍慈小学、中学。不久后，他转学到成章小学，学校离家远，但他很懂事，等熟悉了上学的路，他总是独自一人上学、回家。小学毕业后，他上了绍兴县立中学。这时因为要每天早起，他还学会了自己点柴火、弄泡饭。这样，每天早晨自己弄点早饭，吃过后就自己上学了。少年时代的艰苦环境培养了他很强的独立性以及遇事时的沉稳性和独到的见解能力。

陈翰馥还记得日伪时期留下的许多心灵创伤：绍兴县立中学变成了日本人的宪兵司令部，中国人路过都要行礼，即使坐黄包车也要下车行礼；

看他们家老的老、小的小，一个伪军军官强行带着一家人住进他家；一次，陈建功往家寄了点钱，他们赶紧去买了两袋大米，没料到当晚来了几个黑衣蒙面的歹徒，将两袋大米都给抢走了……

日本宣布投降后的一天，一群日本败兵撤退路过绍兴，依然横行霸道。他们不穿军服，光着上身，下面围一块遮羞布。他们到处抢东西，见了鸡，将鸡脖子拧断后拿走。那天正好六姑妈和一个同学回来，她们赶紧将脸抹上黑灰躲起来，而她们送来的油和鱼，都被日本败兵抢走了。

陈翰馥从小目睹了日本人的罪行，沉重的民族苦难扎进了自己的心中，在后来的日子里，他深深地热爱自己的祖国，言谈举止无不充盈着爱国情怀，这与他早年的经历不无关系。等到中国军队进城的时候，他虽然还小，但却很明白，心里高兴。他也和大人一样，举着小旗，到街上欢呼游行。

三、 玉不琢，不成器

1948 年陈翰馥小学毕业。随后，他考上了浙江绍兴县立中学。陈翰馥虽然自幼聪颖过人，但如同许多小男孩一样，他小时也顽劣淘气，并未将念书学习放在心上。抗战胜利后，他父亲回到国立浙江大学，家庭条件顿时改善了许多。刚上初中，他大哥就抗美援朝参军去了，把一辆半新自行车留给了他。那时的自行车还是件稀罕物，他每天骑自行车上学、回家，引来不少好奇和羡慕的目光。

多年以后，他还谈起自己少年时代的一件糗事："我记得当年家门口就对着一座桥，桥对面是一条狭长的名叫观音桥河沿的小街。那时，我在绍兴县立中学念初中，常常骑着自行车，在路窄人挤的长街小巷中恣意穿行。一天放学回家，为显车技，在一帮同学的起哄下撒了双把。正得意时，不巧斜对面跑出一个小孩，我猛一拐弯，结果连人带车掉进河里……从此再不敢炫耀车技了。"

刚上初中，他宛如离槛猿出笼鸟，顿时没了约束。又交了一帮贪玩的新朋友，更是把学业忘到了脑后。一个学期下来，他的成绩单上大多是六七十分，还有一门名为"公民"的课不及格。放寒假了，他父亲从杭州回绍兴过年。陈氏是一个大家族，虽然此时已非鼎盛时期，族里依然有几十亩公田。这些公田，由族里各支子孙轮流执掌。农历正月初一那一天，执掌公田的族人就会在陈氏祠堂宴请全族的男丁，各家的男人，无论年龄大小，都到祠堂吃中饭。或许与信佛有关，吃的是素席，食物都是由花生、藕、枣子等做成的。传统的祠堂是家族最神圣的地方，但凡族中的重要事项都要在这里讨论决定。因此，在这里吃饭很是庄重肃穆，连小孩也不敢苟笑喧哗。

吃完饭，父亲带着陈翰馥等回家。借着家祠尚余的威严，父亲一路无语，陈翰馥更是忐忑不安。途经"天宝堂"中药店时，他径自将儿子带进店里，陈家曾在天宝堂入过股，故而熟悉。陈建功和店倌打过招呼，然后把儿子带到一旁，一脸严肃地对他说："你自己想好，还要不要念书。如果不想念，我已和老板谈妥，你过完年就可以来这里做药店倌。"

出了店门，陈建功接着告诉儿子一个故事：刚才那个店倌，本也是世家子弟，只是不思上进，吃喝玩乐，将好好一份家业败光。又没有其他本事，只好到店里卖苦力当店倌。在陈翰馥的记忆里，这是父亲第一次这样严肃地和自己谈了这么多，他很受震撼。他深知药店倌这一行非常辛苦，不仅活累，而且不是技术活，工资也低。他不仅担心父亲真的把自己送去药店卖苦力，更觉得自己从小心中模糊的梦想 —— 像父亲那样当个数学家 —— 将要化为泡影。第一次，这位刚满十二岁的少年，开始思索未来的人生道路。

此后，他开始收敛了贪玩的天性，将心思转移到了学习上面。他似乎一夜之间告别了懵懵懂懂的童年，迈入了一心向学的青少年时期。许多年后，陈翰馥的六姑妈告诉他，那天他父亲满脸决绝地将他带离祠堂，家里人都很担心。后来，父亲回家后她们问起，他父亲说："好鼓也须重捶，好马还得快鞭，这孩子有潜力，不吓唬他一下不行。"

家庭和父亲潜移默化的影响，无疑对陈翰馥的成长起了重要的催化作用。多年后，当陈翰馥接受采访，谈及家庭对他的影响时说："我并非严格意义上的数学家，但确实从中学时期就开始喜欢数学了。这与我喜欢逻辑推导，适合学数学有关，但确实也受到家庭的影响。我父亲执教的数学系的一些老师和学生经常到我家做客、访问。记得其中有卢庆骏、龚昇、夏道行等。我父亲和他们谈论的事情大都与数学有关。我总是带着极大的好奇心在一边听他们的学术争论，虽觉有趣但却似云山雾罩，完全不明就里。"
"有时我父亲还会讲一些国外数学家的故事。例如，高斯七岁时能快速计算 1 到 100 的和；伽罗瓦十七岁发展了群论，证明了高次方程何时有公式解；欧拉解决的哥尼斯堡七桥问题；等等。这些故事，让我渐渐爱上了数学。""另外，我父亲于 1929 年从日本东北帝国大学获博士学位回国后带来一批数学书籍，其中一些书籍就放在我们绍兴老家。因此，通过父亲，我从小就听到、看到与数学有关的事和物，这些对我以后喜欢数学产生潜移默化的影响。"

少年陈翰馥

陈建功与年轻教师在杭州大学

四、 将门虎子，少年英才

陈翰馥入学的第二年，浙江绍兴县立中学就并入浙江省立绍兴中学。浙江省立绍兴中学是 1898 年戊戌变法失败后，当时在京城任翰林院编修的蔡元培认定改革无望，弃官回绍兴创建的。它历史悠久，学术水平高，文化沉淀雄厚。

从初中二年级开始，陈翰馥转入省立绍兴中学，新的环境让他远离了旧日的玩伴，开始将心中朦胧的理想和当下一步一个脚印的努力结合起来了。得益于父亲潜移默化的影响和骨子里的数学基因，一旦开始用功，他的学业成绩便突飞猛进。学习与其他许多事情一样，当兴趣和目标一致的时候，总能产生事半功倍的效果。念书做题对他来说成了一件愉悦的事，他尤其对数学严谨的逻辑和推理产生了浓厚的兴趣，这种兴趣伴随他的一生。

那时，使许多同学感到困惑的平面几何，却成了他施展才华的新天地。他有一种与生俱来的超凡的空间想象能力，因此，做起几何题来总是那样得心应手、游刃有余。几乎每一次几何作业，他总是第一个完成。然后，有的同学就会来问他，于是，他的解法就会传播开来了。兴趣是最好的老师。由于喜欢，他还从父亲的书架上找到一本几何习题集，从中找了不少难题做。这让他成了解题高手，不仅做得快，而且证法巧妙。他的几何作业经常被老师推荐为标准答案传阅。初中毕业时，一位姓裘的数学老师"扣留"了他的作业本，说要用作他以后批改作业的参考答案。

1952 年全国高校院系调整，陈建功由浙江大学调入复旦大学，陈翰馥全家都搬到上海，住进了复旦大学第一宿舍楼。第一宿舍楼一共有五栋，这是当年日伪时期建的二层联排住宅小楼，外加一个阁楼。每栋有八个单元，可以住八户人家。陈翰馥家一层是厨房、客厅兼饭厅以及陈建功的书房，二层是两间卧房，房间不大，阁楼上还要住一个人。陈翰馥在这儿住了两年，直到他高中毕业。后来，复旦大学为苏步青和陈建功单建了住宅，此时，陈翰馥已经离家了。

第一宿舍楼住了许多大人物，除有校长陈望道外，还有著名数学家苏步青、遗传学家谈家桢、历史学家周谷城……住得近，教授们有空也串串门，聊点学术、谈点见解或侃点天南海北的见闻。孩子们则成了好朋友，一同上学、回家，嬉戏打闹。

全家搬到上海后，陈翰馥也随之从省立绍兴中学转学到上海复兴中学。上海复兴中学在虹口公园 (现名鲁迅公园) 附近，前身是美国驻沪总领事馆于 1915 年建成的"汤姆·汉壁礼男童公学"。抗战时，校舍一度成为英美侨民集中营。1946 年学校重建，定名为"上海复兴中学"，取"复兮旦兮，兴我中华"之意。它是一所上海市属重点中学，有很深厚的学术沉淀。

复兴中学离复旦大学大约五千米，陈翰馥和一班新调来的教授子女成了复兴中学的插班生。骑车上学，路上大约要 20 分钟。班上的老同学都是家在附近的上海本地人，有许多是初中一起升上来的。老同学觉得他们这些插班生多少有点隔阂。像陈翰馥，说着口音很重的绍兴方言，显得有点土气。插班生大都如此。班上的一些活动，如合唱团、体育比赛等，陈翰馥和几个插班生也很少参加。

时移事易，随着插班生的逐渐融入，班上的同学开始了新的分化，坐在前面几排的同学年纪小一点，顽皮贪玩，打闹嬉戏，童心未泯。坐在后排的大哥哥、大姐姐，似乎已成了小伙子、大姑娘了。他们也喜欢一起聊天散步、谈笑风生。陈翰馥年纪小、个头也不高，属于前排阵营，他在班上也结识了几位合得来的新朋友。

这时，他对数学的兴趣更浓了，开始花许多时间在数学的一些课外阅读上。他开始浏览家里的一些数学藏书，包括《范氏大代数》《几何原本》等，试图读懂它们。这时他多少有点偏科：数学成绩突出，而且知识面广，远远超出了课程的要求；在其余的课程中，理化也都不错，但他对语文、英语以及其他一些文科课程却甚不感兴趣，只求对付。

对于不感兴趣的课程，他上课时提不起精神，有时也会开小差。一次地理课，老师见他望着窗外发呆，立刻提问他。他站起来，不知问的是什么，一脸茫然。突然他瞄到书本上的几个字，灵机一动，就回答道："澜沧江。"他答非所问，引得全班同学在片刻愕然之后哄堂大笑。多年以后老同学聚会，别人还会拿带着浓重绍兴口音的"澜沧江"打趣他。虽然文科拖了他的后腿，但凭着过人的聪颖，他的总成绩在全校还是名列前茅。

高中的两年过得很愉快，每天早晨，他和几个第一宿舍楼的子弟一起骑车上学。带上中午饭，到学校食堂热一热吃。偶尔也到学校附近的小店吃碗阳春面什么的。课间，他最喜欢的是打排球。一群人围成一个圈，托球的、扣球的、垫球的全有。打得好的时候，一个球可以托几十个来回不落地。他自诩当年打排球的技术还是不错的。

学校离虹口公园很近，班级活动常常在公园里举行。他们在这里唱歌、跳舞、爬山、划船。虹口公园俨然成了他们校园的延伸，这里留下了许多他们的青春情影、韶华足迹。至今，他们老同学聚会，还常常将虹口公园作为集合地点。周末，他常和几位玩伴在复旦校园的各处玩耍，也常到登辉堂看电影。登辉堂的名字来自李登辉，他曾是复旦大学校长 (1913—1936)。只是同名，他可不是台湾的那位李登辉。

在风和日丽的时节，他父亲得空会带他们全家去郊游，这是他最高兴的时候了。到一个风景优美的地方，远眺青山，近观绿水，听鸟鸣、追鱼游。再寻一片草坪，摊开床单，一家人围坐在一起，吃着带来的各种美味小吃，听他奶奶讲一点陈年往事，或者听他父亲讲故事。这时也是他们弟兄问父亲一些海阔天空、不着边际的问题的好机会……郊游让他养成了从小热爱大自然的心态。

还有一次，他父亲带他们全家到锦江饭店吃饭，那是上海当时最大的饭店，高 13 层。那里不仅饭菜可口，而且环境高雅、服务周到。正当他酒足饭饱、惬意快活的时候，他父亲突然给他出了个难题，让他打电话找出租车。父亲只告诉他，出租车公司叫"祥生四万"。这可让他犯了难：当时的电话很不普及，他长这么大还没打过电话，不知电话怎么打。正好他想起前台有电话，于是，就直接下楼奔前台去了。他本想让前台服务生教他怎么打，谁知他一开口，人家就帮他打了。等他回去告诉父亲车已定好时，他父亲露出一丝赞许的微笑。

高三的时候，有一次，他奶奶病了，住在中山医院。那个周末，想起奶奶平日疼他的情景，陈翰馥一副忧心忡忡的样子。他想去看奶奶，可中山医院又很远。他的一位朋友苏德成见他闷闷不乐，问他何故。得知隐情后，苏德成自告奋勇，说他陪陈翰馥去。苏德成是苏步青的儿子，虽比陈翰馥还小点，但为人豪爽，一副侠义心肠。他们俩骑着自行车，横穿了大半个上海，终于到了中山医院。奶奶看着满头大汗的孙子和他的朋友，既心疼又感动，一面低声埋怨着一面掏出毛巾帮他们擦汗……

说起陪伴陈翰馥多年的这辆自行车，也有一段故事：在陈翰馥的大哥上高中的时候，自行车在中国还很稀缺。他大哥十分渴望得到一辆自行车，经常到一家路过的车店前观望。高中三年级的时候，一天，他大哥拿了学费到学校注册，路过时突然看到店里在半价促销一种英国自行车。这车其实是商家自己攒的杂牌车，只是几个主要部件产自英国而已。在商家的怂恿下，他大哥一时放胆，用学费买下了一辆车。

回家后，他大哥不敢告诉父亲，只好去求母亲 (继母)。他母亲想了半天，从手上褪下一个金戒指，对他大哥说："家里已经没有钱了，你将这金戒指卖了交学费吧。"这就是这辆车的来历。后来他大哥辍学参军，就将这车留给了陈翰馥。再后来，这辆车陪着陈翰馥从绍兴到上海，跑遍了复旦大学周边的大街小巷，一直到他中学毕业。临离上海，他还将车卖了 50 块钱。多少年后，当他跟他大哥提起这辆车时，他大哥才把车子的故事告诉他，并深情地感叹道："母亲真是一个心地善良的人呀！"

陈翰馥高中那个班的同学里，出了不少人才。除了陈翰馥，还有北京大学毕业的清华大学教授龚光鲁，他是一位非常活泼的人，调皮话随口即来；还有一位季羡林的学生，就是曾任北京大学东方语言系党支部书记的张殿英，他是陈翰馥中学班的团支部书记。

到高中快毕业的时候，陈翰馥对自己的未来已经有了一个较为清晰的愿景：上个好大学，学习数学专业，日后当一个数学家。陈翰馥自信，他的中学时代过得很任性自在，或许可以称得上是"平凡"，但却让他学到了许多，包括从书本上和从社会上。他并未像现在的一些中小学生那样被家长逼着苦读和接受课外无穷无尽的培训，但那看似平淡无奇的经历，却为他日后的成功奠定了坚实的基础。也许，现在的年轻父母该问问自己，想要孩子成才就一定要剥夺他们无忧无虑的快乐童年和充满幻想的青葱岁月吗？

第二章　负笈求学在苏联

一、 留学苏联，青春起航

高中临毕业的时候，陈翰馥和同学们一样，正在全力准备高考。虽然，他对自己准备报考的专业已经心有所向，但还是想听听父亲的意见，其实，他心里所盼望的是能从他父亲口中得到"选择数学专业"的建议，这将是对他自己选择的一个重大支持。而且，他自信这是情理之中的事情。于是有一天，趁父亲有空，他郑重地问他父亲："我考大学应该选择什么专业呢？"让他十分吃惊的是，他父亲的回答并不如他所预料的那样。他父亲说："这应该由你自己来决定，你应该根据自己的志趣做出抉择。"他当时很不解，觉得父亲明知他的志趣，却为何不点破。许多年后，他才理解了自己父亲的良苦用心：父亲不肯帮他做决定，其实就是不肯当他的拐杖，要让他学会去走自己的路。

毕业前的一天，班主任通知他到校办公室去。他带着几分惊诧和紧张到了那里，一位学校负责人周佩玑老师接见了他。他被告知，学校近期要保送几个学生到留苏预备部，由于他学习成绩优异，学校准备推举他，现在征求他自己的意见。这个消息让他喜出望外，他知道苏联是世界上的数学强国，能到苏联留学离他的数学梦又进了一步。他立即表示同意，承诺去后一定不辜负母校和老师的期望。

一切进行得都很顺利，毕业后，陈翰馥就被保送到留苏预备部。接着，他北上到北京俄语专科学校学习俄语。那是 1954 年的暑期，他和几个同学登上了从上海到北京的火车。那年，正赶上华北平原发大水，放眼望去，多处是一片汪洋，大片庄稼被浸泡在水里，水面上也漂着许多庄稼和杂物，远处还有倒塌的房子。有时，水没过了铁轨，火车就像一条龙舟，穿水而过，两边激起阵阵浪花……这些场景，给陈翰馥留下了很深的印象，也多少影响了一点他进京上学的愉悦心情。

北京俄语专科学校是北京外国语大学的前身。当时学校还在西单石驸马大街，原址是国立北京女子师范大学，是许广平和鲁迅先生笔下的刘和珍君当年就读的学校。一个学期以后，学校迁往魏公村。俄语专科学校的课程对他而言单调而枯燥，他本不喜欢文科类课程，但为了自己的理想，他下定决心一定要拿下俄语。凭着一股信念和毅力，他学得十分努力。在学习俄语的同时，他仍然放不下他的数学。于是他开始自学高等数学，随身带来的数学书籍占据了他几乎所有的闲暇时间。学校虽然就在闹市之中，他却从不肯浪费时间去逛街。

那年寒假，他父亲到北京开会，他到宾馆看父亲。他向父亲倾诉学俄语的烦恼以及对数学难以割舍的眷恋。他父亲谈了自己的亲身体会：他父亲年轻时掌握了日、英、德、法四门外语，为科研提供了极大方便；到五十六岁才开始学俄语，多少有些力不从心。父亲语重心长地告诫他说："学外语就得趁年轻。年轻时多学些外语，一辈子受用。"这些话更坚定了他学好俄语的决心。

俄语学习一年后结业，陈翰馥顺利通过考核。在宣布派遣方案前填了几次志愿，陈翰馥每次填的都是数学。他信心满满，认为自己数学成绩优异，又一再表态想学数学，应当会分配到一所名牌大学数学系。

命运常常喜欢跟过于执着的人开玩笑。正式分配校系专业的时候，俄语专科学校的一位负责人给每位学生分发了一个信封，信封里面的纸条上写着派遣的城市、学校和专业等。陈翰馥打开信封就傻眼了，他的纸条上写着："列宁格勒、水运工程学院、工程经济系，学习水运经济。"拿着这张纸条，他呆呆地站在那里，足足愣了十来分钟。一时间，他头脑里一片空白，多年的数学梦，似乎被手中的这张纸条击碎了。

那时的人们都被教育成"驯服工具"，"革命战士一块砖，哪里需要哪里搬"。一切都是党的需要，"不服从分配"那是一项不能承受的人生之重。当他和一位同学私下聊起自己的心事时，那位朋友告诫他说：不服从分配就会被取消出国资格。

陈翰馥虽然心中充满了沮丧和失望，但仍然努力以国家需要说服自己。这时，他记起赴京时目睹的水灾，那一幕幕记忆犹新。他想到，如果能为祖国的水利事业做一点贡献，也不枉此生。就这样，经过一段痛苦的思想斗争，理智战胜了冲动，他终于走出了阴影，接受了命运的安排。

陈翰馥虽然心中尚存一丝遗憾，但还是高高兴兴地和年轻的同学们一起打点行装，满怀激情地登上了北上的列车。列车向当时他们心目中的圣地苏联奔驰而去，每一个年轻人的心中都充满了幻想，还有一丝对异国生活的神秘感。

1956 年陈翰馥 (中) 和同学参加五一劳动节游行

到达列宁格勒的时候，水运工程学院已经开学。抱着为祖国建设服务、为国争光的理想，陈翰馥很快投入了学习。他一心扑在学习上，很快过了语言关，学习成绩节节上升。从第二学期开始，系里安排的工程类课程越来越多，这些课程充满了枯燥的实验数字、图表等，这与数学的严密推理相距甚远。陈翰馥感到别扭，不像学习数学那样得心应手。不过，凭着天分和努力，他依然保有一份骄人的成绩单。第二年，他更多地了解了专业，感到苏联的水运经济专业水平不高。例如，"经济地理"似乎只是一些经验的堆砌，没有多少有分量的理论；并且像"港口"这样的课程，是介绍苏联各地港口的地理位置及设置运行等情况的，与中国的实际情况相差甚远。这些课程，与他擅长的逻辑推理、计算方法等相差甚远，使他有一种英雄无用武之地的挫折感。他的思想陷入深深的矛盾之中："像父亲那样当一个数学家"是他从小的理想；而现状则是"身在曹营心在汉"，心头挥之不去的憧憬仍然是那个神圣的数学王国。

二、 峰回路转，梦想成真

在列宁格勒水运工程学院工程经济系二年级学业结束后，他与同届本专业的其他三位中国同学一起到第聂伯河的基辅港口实习。这三位同学在国内时也都是优秀的理科生，因此，在专业思想上与陈翰馥有所共鸣。一次周末，基辅大学的中国留学生办晚会，陈翰馥的表哥王耆也在基辅大学留学，学的是建筑专业。趁晚会的机会，陈翰馥就到基辅大学去找表哥了。"他乡遇故知"，陈翰馥去了后就和表哥以及基辅大学的一班中国留学生聊了起来。

聊天之中基辅大学有学生提到一条消息："中国驻苏联大使馆留学生管理处近期准备调整部分留学生的专业。"言者无心，闻者有意，陈翰馥半信半疑。他私下向他表哥求证，他表哥肯定了这个说法，并说自己正在申请转到计算机专业。陈翰馥听到这一消息，高兴得差点蹦了起来，自幼的理想又在胸中复苏。他无暇再与表哥多聊，就急匆匆地赶回实习驻地，将此消息转告了他的三位中国同学。

同病相怜的四个人一拍即合，一致决定向留学生管理处申请调整专业。四人商议之后，公推陈翰馥从基辅到莫斯科去申请。下一个问题就是路费，当时学生每月 500 (旧) 卢布，吃饭之后所剩无几。大家商定路费由四人分摊，至于莫斯科的食宿就只能由陈翰馥自行设法解决了。怀着回归数学的美好期盼，陈翰馥以破釜沉舟的决心，带着其他三位同学的申请书，义无反顾地登上了去莫斯科的列车。

到了莫斯科，已经囊空如洗的他通过一位当年在北京俄语专科学校的同学找到中国留学生宿舍。可巧这里还有一个空床位，于是他总算有了一个落脚点，不至于流落街头。第二天，他起了个大早，几经打听，终于来到了当时的中国驻苏联大使馆留学生管理处。到了管理处，他首先将四份转学申请书交了上去。未几，出来一位官员，后来才知道，他是当时中国驻苏联大使馆负责办理留学生派遣、分配、调换专业的陈先玉先生。陈先玉是位友善负责而又平易近人的老师，虽然陈翰馥本不在国家计划的调整范围之内，但陈先玉还是仔细听了他的情况陈述。陈翰馥将先前跟几位同学商量好的理由侃侃道出：苏联当时的河运并不先进，苏联的港口与中国不同，还有他们几个人的个人专长与兴趣，等等。陈先玉显然被这位年轻人的事业心和执着感动了，他答应将陈翰馥的情况立即向领导请示一下。

陈先玉转身入内，将陈翰馥单独留在接待室。这时的陈翰馥神经紧绷，心里像悬着十五个吊桶，七上八下。后来才知道，当时的留学生管理处的负责人就是钱其琛，他是一个很人性化的领导。陈先玉向钱其琛汇报后，钱其琛也认为陈翰馥他们情况特殊，很值得同情，所以答应考虑。于是陈先玉告诉陈翰馥，领导的意见是："可以考虑。"当时年轻而又欠缺阅历的陈翰馥并不明白领导口中的"可以考虑"实际上就是"同意"的一种委婉说法。虽然感到有希望，但因事关重大，仍然忧心忡忡。

时值暑假，留学生需要调整专业的人数较多，工作量大，留学生管理处的人手不够。陈先玉看上了这位年轻人的认真劲儿，就邀请陈翰馥留下帮忙。正好希望留下听消息的陈翰馥欣然同意。他在留学生管理处帮忙工作了两个星期。他每天一早从借宿的留学生宿舍出发，坐地铁经过几个街区，总是在大使馆开门前准时到达，晚上有时到了下班时间还要加班。

陈翰馥不愧是一个优秀的理科男，虽然年轻，但干起事来不仅肯动脑筋、逻辑性强，而且认真负责、一丝不苟。陈先玉和大使馆的相关人员对他都十分满意。这一情况也传到领导耳中，于是，大使馆酝酿将他留下。两周之后，当工作告一段落，陈先玉找陈翰馥认真谈了一次话。他告诉陈翰馥，留学生管理处原则上同意他转专业的要求，但希望陈翰馥留在留学生管理处工作，并承诺给他很好的工作待遇。陈翰馥不假思索地说出了自己的心声："我就是想学数学。"陈先玉还是不甘心，进一步劝说道："你可以边工作边到莫斯科大学数学系上夜校。"陈翰馥依然不为所动，再次婉拒了他的邀请。

陈先玉见他决心已定，不好勉强，终于答应成全他的心愿，于是就给了他另一个选择：列宁格勒国立大学数学力学系。陈翰馥毫不犹豫地放弃了在莫斯科工作的优厚待遇，谢过陈先玉后，只身一人又回到了列宁格勒，从此与数学结下了不解之缘。他当然没有忘记其他三位同学，在他的努力下，三位同学也转去了他们喜欢的造船专业。

命运常常会偏爱那些有心人。在人生关键的十字路口，在机会面前，陈翰馥做出了关乎一生的重要选择。后来，陈翰馥曾多次感慨地说："人生的机遇有很多，可能在你不知道的时候就来了。"是的，机会常在，但只有像他这样执着、这样心无旁骛的人，才能准确地把握稍纵即逝的机会。

三、 驾轻就熟，如鱼得水

陈翰馥于 1957 年秋季正式转入著名的苏联列宁格勒国立大学 (现为俄罗斯圣彼得堡国立大学)。他插班到数学力学系二年级，此前在列宁格勒水运工程学院的两年学历折算成一年。这个系有四个专业：数学、力学、天文和计算数学。陈翰馥学的是数学专业，他选学了尽可能多的课程，包括数学分析、线性代数、常微分方程、泛函分析、实变函数、概率论、数理统计、随机过程、微分几何、复变函数、程序设计、普通物理、理论力学、天文、政治经济学、计算机等。当时计算机课程所用的计算机叫"乌拉尔"，是大型电子管机，十分笨重，用昂贵的电影胶片记录数据。

1957 年在列宁格勒国立大学求学期间于涅瓦河畔留影

列宁格勒国立大学是苏联最古老的大学，是世界上最优秀的大学之一，也是世界知名的众多学派的源头和进步的社会运动的重大中心之一。在俄罗斯史册上，圣彼得堡国立大学曾涌现出了许多杰出人士和科学家，写下了许多光辉篇章，并为世界和人类科技进步做出了自己的贡献。类似于北京大学与清华大学，圣彼得堡国立大学和莫斯科大学在俄罗斯联邦内部有着特殊的地位，是俄罗斯仅有的两所拥有独立自治权的大学。

或许是俄罗斯的一种文化传统，苏联的著名数学家都上讲堂。菲赫金哥尔茨、法捷耶夫等著名教授都已经将他们所授课程的讲稿整理成简明教程出版，这为学生课后的复习使用提供了极好的参考资料。其他教授也都很关心学生的课堂笔记，所以口授和板书都很清晰，认真学生的笔记几乎就是一本教程。在课堂上如果有人没有记全一句重要的话，学生就会大声要求"请慢一些！""请再重复一遍"。课堂笔记对学生复习和准备考试都至关重要。

对于苏联学生，考试成绩直接影响他们的助学金数额。这种物质刺激促使所有苏联学生力争 5 分，同时绝对要避免 2 分。中国留学生的助学金虽不受考试成绩影响，但追求 5 分是大气候，不完全是物质因素，还是一种荣誉。

1959 年参加集体农庄劳动在住所前留影，左二为陈翰馥

苏联的大学考试没有笔试，只有口试。每次考试，由老师准备许多问

题，写在纸条上。每个学生自己上去抽一个问题，然后下来准备，准备好了再回去回答问题。针对回答的情况，老师再提问。这种考试更具挑战性，学生知识上的缺陷容易被老师发现，而优秀学生也容易脱颖而出。还有学生想作弊也不可能。

陈翰馥在列宁格勒国立大学的四年，各门课的考试成绩全部是 5 分。谁都知道，学得再好，考试时偶尔失手也是难免的，而陈翰馥在列宁格勒国立大学的四年，愣是没失过一次手。后来提起这件事，他总是谦虚地说："很多是背笔记的结果，不见得学得真好。"

陈翰馥求学期间，遇到了数学系许多著名的教授，与他们的接触和交流，大大开阔了他的眼界，加强了他对数学的理解。那时，教他们数学分析的是老先生菲赫金哥尔茨，教概率论的老师是彼得洛夫，教随机过程的是伊勃拉基莫夫，教统计学的是林尼克，教微分几何的是扎尔哥列尔，教代数的是法捷耶夫。斯米尔诺夫虽然不教他课，但也是系里的老师，常常见到。

对他影响最大的是彼得洛夫教授和扎尔哥列尔教授。扎尔哥列尔教授微分几何，这门课较前沿且难度较大，陈翰馥喜欢这种挑战，并且他学得很不错，扎尔哥列尔教授很满意。一次微分几何口试，扎尔哥列尔教授对他的表现很满意，给他一个 5 分。接着，对他说了一段让他终生难忘的话："你是一个能力很强的学生，但做一个好学生还远不够，要培养创新思维，争取做一个积极进取的科研工作者。"这段话对陈翰馥触动很大，也更坚定了他做一名数学家的愿望和信心。

数学系的高年级学生要有主修的专业课。概率论是俄国的强项，许多大家都出自俄国，如柯尔莫哥洛夫、马尔科夫等。考虑到这一点，陈翰馥选择了"概率论"作为自己的专业。他毕业论文的题目是《概率的极限理论》，探讨大数定律与中心极限定理的一些新性质。毕业论文指导老师是彼得洛夫教授，系里的教授对陈翰馥的工作评价很高。彼得洛夫教授对这个中国学生甚是满意。毕业前夕，彼得洛夫教授找他谈了一次话，问他毕业后有什么打算，并坦率地告诉他，希望他毕业后留下来做彼得洛夫教授的研究生。这是很多应届大学生所盼望的机会，陈翰馥立即表达了自己的意愿。虽然陈翰馥很想留下来继续念研究生，但鉴于当时中苏两国形同水火的关系，彼时的中国留学生，是完全没有可能实现在苏联继续深造的愿望的。陈翰馥最后只好婉言谢绝了彼得洛夫教授的邀请。

人生有时就是这样，它会被历史或潮流绑架，身不由己。陈翰馥在许多年后说起："要是我当时真做了他的研究生，可能今生就与控制无缘了。"人生事，真的是"塞翁失马焉知非福"。

四、 青春岁月，异域情怀

从 1955 年 18 岁的陈翰馥初次登上苏联的土地，到 1961 年学成回国，年轻的他在苏联那一片广袤的土地上渡过了六年的青春岁月。那段时光给他留下了许多美好的记忆。

1955 年暑期，当他们确定了出国方案后，就开始打点行装。到苏联留学的有几千人，大家统一治装。因为苏联天气冷，每人都配备了一件棉大衣、一件呢子大衣，还有两套西服、两条领带、几双皮鞋……再加上自己准备的书籍杂物、各色食品，每人都带了满满的两个大箱子。

列车从北京出发，直达莫斯科。陈翰馥的床位，是一个同行李架平行的卧铺。车走起来，床也跟着晃悠，开始不习惯，他真有点担心被颠下去。从北京到莫斯科，火车整整走了六天。虽然已近初秋，车厢里还是有些闷热。他们每人配给的一兜莱阳梨，到后来都软得淌水。车厢里都是初出国门的留学生，充满了青春激情和对美好未来的无限期盼。

到了莫斯科，同学们就各奔前程了。陈翰馥和一大批到列宁格勒的同学在莫斯科车站稍事休息，就又登上了前往列宁格勒的火车。又是一夜的车程，他们终于到达了目的地。列宁格勒水运工程学院工程经济系原先就有两位中国留学生，一位已是四年级的学生，另一位是二年级。他们这次来了四位：三位男生和一位女生。

苏联的大学老师讲课大都很慢、很清楚，有点像播音员。学生们也大都善于做笔记，笔记记得内容详尽、字迹清晰。因此，笔记是复习和备考的主要参考资料。陈翰馥和其他中国留学生一样，开始时由于语言的原因，来不及记下。只能在课后向苏联同学借笔记抄。虽然苏联同学都很友好，陈翰馥在课堂上还是努力争取尽量多记一些，课后再和苏联同学的笔记对比。这样，不久以后他就不必借笔记了。

列宁格勒水运工程学院一年级时主要修一些基础课，数学课的微积分对陈翰馥而言真是小菜一碟。同学们也发现他数学特别好，有什么问题就来问他。有两门必修课是"联共党史"和"政治经济学"。陈翰馥虽然对这两门课不是太有兴趣，但还是学得很认真，他多少是将它们当外语课上了。

陈翰馥他们住在校外的一个学生集体宿舍里，这是一个新建的宿舍楼，位于纳尔斯基广场边，这里到学校要步行约 20 分钟。他被分配和其他三个苏联学生同住，那三位同学一位是苏联人，两位是乌克兰人。他们都是从苏联海军士官学校转学来的，夏天都喜欢穿白蓝相间的海军服，个个都很帅气。两位乌克兰同学，一位名叫科连克，是苏联卫国战争中的孤儿。他喜欢文学，跟陈翰馥关系不错，谈到经典名著时，他们有许多共同语言；他个头大，走起路来腿绷得笔直，像士兵走正步；他走路飞快，跟陈翰馥一起出去，陈翰馥总有点跟不上；他回头看时总爱说："翰馥，你怎么弯着腿走路？要伸直。"另一位叫保金斯基，是班上的团支部书记，他比陈翰馥大两三岁，于是处处表现得像老大哥。

到二年级的时候，他被分配与一位叫科诺瓦洛夫的同学同宿舍。这回两人一间，住宿条件大大改善了。科诺瓦洛夫是班长。

留学生的生活简得几近单调，他们每天早晨去学校，中午在食堂吃饭。午饭通常有汤、肉饼，主食是黑面包，还有一点餐后的甜食，有时还会有土豆、西红柿等几种蔬菜。一顿饭要花 3—4 卢布。早餐和晚餐通常去买长面包、200 克香肠，通常还会泡杯红茶，面包上抹上人造黄油。虽然饮食与国内的习惯大相径庭，且又千篇一律，十分单调，但陈翰馥和其他年轻的留学生们还是很快适应了这一切，他们的心都扑到了学业上。

他们每个月的生活费是 500 (旧) 卢布，这钱由中方提供，住宿及学费等由苏方提供。吃饭是主要开支，除了饭费，生活费就所剩无几了。除了偶尔看看电影，陈翰馥同其他留学生一样，生活俭朴。但他喜欢逛书店，除了数学书，他还买了一些文学类旧书，多为名著。他的一大业余爱好是听音乐，对于经典音乐作品他有很高的鉴赏水平。因此，他还买了不少经典乐曲的唱片。

1957 年暑假，莫斯科举办国际青年联欢节，陈翰馥由于在使馆帮忙，幸运地参加了几场活动。这时，他的俄语已经过关，听说均无问题。他和苏联以及其他社会主义国家来的青年们一起欢歌曼舞、交流思想和心得，度过了一段美好的时光。其间，他还见到了胡耀邦带领的中国代表团，虽然没有机会交谈，但他乡遇故知，他有一种深深的亲切感。

1958 年夏天，苏联政府组织部分外国留学生集体旅游，陈翰馥有幸参加。这次是乘游轮沿内河航行，一条偌大的游艇，全是"外国人"，从莫斯科出发，经过莫斯科运河到伏尔加河，最后进入顿河，终点是罗斯托夫，然后再原路返回。游艇整整航行了一个月，这些外国学生也饱览了沿途的美景，见识了苏联的大好河山。船上的一个月，让许多素不相识的异国学生成了好朋友，陈翰馥也结识了许多外国朋友。这次行程，也让他大开眼界，增加许多对苏联以及对世界的认识。

陈翰馥在后来的学术生涯中有很好的国际视野和广泛的国际学术朋友圈，这和他年轻时的这些阅历不无关系。

1957 年下学期，他转到了列宁格勒国立大学，搬到位于捷茨卡娅街 50 号的一栋学生宿舍楼居住。这里离学校有三四站电车的距离，每次往返，单程要花 40 戈比。同寝室的四位同学，有一位也是中国学生，姓许。还有一位苏联人，一位捷克人。那位苏联人是调干生，已经近 40 岁，叫瓦洛佳。他参加过卫国战争，曾经是炮兵团的一名中尉，带有一种军人的豪爽。捷克学生是一个高个子，性情善良忠厚。他有个女朋友，是一位身材丰满的捷克姑娘。冬天天气冷，他俩没地方去，就在宿舍里卿卿我我，常被瓦洛佳取笑。捷克学生也穷，还喜欢喝酒，就拿酒精兑水当酒喝。瓦洛佳有时也陪他喝几口，两位中国学生虽也常被邀请，却不敢喝。

中国学生当时不允许谈恋爱，后来有一阵似乎管得不严了，再后来中苏关系紧张，又开始严了起来。但这些似乎与陈翰馥并无关系，他还年轻，且一门心思都在学业上，真是"两耳不闻窗外事，一心只读圣贤书"。

列宁格勒国立大学的中国留学生很多，有数学系的、天文系的、地质系的、生物系的等，还有文学系的。他们大都住在捷茨卡娅街 50 号。1958年初，国内反右运动的风也刮到了那里，捷茨卡娅街 50 号也开始有人贴小字报，揭发有人反苏。这说的是一位文学系的学生，在文章里攻击苏联。

陈翰馥印象比较深的是，这位学生在一篇文章中写道："莫斯科的街道是灰蒙蒙的。"捷茨卡娅街 50 号后来开辟一个房间贴大字报，随后召开了一次批判大会，会议还请到了列宁格勒国立大学的一位党委书记讲话。好在列宁格勒国立大学似乎就揪了这么一个学生"右派"，他被遣送回国后，就再没了消息。

这些留学生们当时受苏联的影响很深，从学术、生活到思想方法，都接受了苏联的一套。到了 1960 年暑假，为了"反修防修"，中国让几乎所有的苏联留学生都回国了。回国后，他们集中到俄语专科学校进行政治学习。等再开学的时候，有一部分留学生就被留下了。陈翰馥还算幸运，返苏继续学习。

在苏联留学的六年里，陈翰馥两次见到他的父亲。第一次是 1956 年的全苏数学大会。当时出席大会的中国学者，除他父亲陈建功外，还有华罗庚、吴文俊、程民德、李俨等。他顺便邀请他父亲到他宿舍小坐。然后，他还陪同他父亲等一众人到冬宫参观。苏联方面对中国代表团挺重视，不仅派了一辆小巴接送他们，还派了一个苏联女翻译。那是一个年轻漂亮的苏联姑娘，中文也好。李俨先生在车上挨着她坐，显得有点拘谨。

1956 年陈翰馥与父亲陈建功在列宁格勒合影

他父亲还跟陈翰馥提到一件逸事：在宾馆里吴文俊住他隔壁，他老听吴文俊在屋子里踱来踱去，似乎总在思考学术问题。

第二次是他父亲于 1958 年到苏联参加函数论大会。当时在苏联留学的夏道行等也参加了大会。陈翰馥从列宁格勒到莫斯科，陪父亲和谷超豪及夏道行参观了著名的苏联农业展览馆。不久前陈翰馥用自己攒下的零花钱买了一部相机，这次可是他大显身手的机会。他给他们照了许多照片，有一些后来成了珍贵资料。例如有一张陈建功与夏道行、谷超豪的合影，后来在多处展厅或书籍报刊中出现，就出自陈翰馥之手。

陈翰馥与夏道行比较熟，他到莫斯科时就挤住在夏道行的宿舍，夏道行把自己的床让给他睡。那时，为了省钱，陈翰馥他们的照片都是自己冲洗。等陈翰馥回到列宁格勒，将照片冲洗好后，他就给他们送去了。他先去找夏道行，可没有见到，只见到了谷超豪。后来听说，夏道行在反右运动中受了牵连。

问起留学的感受，陈翰馥略有所思，然后侃侃而谈："苏联人的文化教养还是很好的。学生可以购买音乐会的联票，每次去，大家总是穿戴整齐。音乐厅里气氛很好，没有人交头接耳，更没有人大声喧哗。场间休息时，多数人会在厅外有序地绕圈散步。""公共场所排队，秩序很好，从不会有人插队。""横穿马路一定要通过斑马线，等绿灯。如果你随便过马路，立刻会有警察过来，到你跟前，'叭'的一声立正，行个军礼，然后告诉你，你违反了交通规则，罚款 5 卢布。""苏联的轻工业不够发达，日用品匮乏，而且质量常常不过关。例如，我们用的钢笔，写写墨水就会起疙瘩。""苏联的农业比较落后，虽然有大片的黑土地，但地广人稀、劳动力缺乏。""跟我们当年三夏、三秋时节下乡支农一样，在苏联，每到土豆收获的季节，学校和机关就要放土豆假。土豆假一放就是两个星期，学生们都要到附近的集体农庄帮忙收土豆。有一次中国留学生也应邀参加了，我们在集体农庄，住的是简易房，睡大通铺。吃得还可以，有土豆、西红柿肉汤，主食是黑面包。"陈翰馥最后说："跟农民们一起干活，能更多地了解苏联社会。"

那是一个伟大的民族，那是一个神奇的国度。那里有一流的科学技术，有令人骄傲的文化传承。在苏联留学的六年，为陈翰馥此后的学术生涯注入了巨大的潜能和勃勃的生机。

第三章 排除干扰，坚持科研大方向

一、 从概率论到控制论

陈翰馥在列宁格勒国立大学主修概率论。概率论是一门应用极广的数学分支。几乎没有人不知道经典的"概率"的含义，例如：抛个硬币，正面和反面朝上的概率都是二分之一；掷个骰子，得到一、二、三、四、五、六的概率都是六分之一。日常生活中也离不开概率，譬如，大家常说，买彩票中奖的概率，明天下雨的概率，等等。粗略地说，概率就是随机事件发生的可能性。

出生于 16 世纪初的卡尔达诺是意大利文艺复兴时期的一位百科全书式的学者，他智力超群，但因是私生子受尽歧视，以致性格孤僻。他既是著名医生，又是数学家、哲学家、物理学家和工程师，尤其对占星术和赌博情有独钟。他去世后发表的《论赌博游戏》被认为是第一部概率论著作，书中给出了一些概率论的基本概念和定理。

到了 17 世纪，被称为"业余数学家之王"的法国律师费马登场了，他作为数学家的名声远远超过他作为全职律师的名声。他与法国另一个天才人物——作为数学家、物理学家、化学家以及哲学家的帕斯卡，在相互通信和著作中建立了概率论的基本原则 —— 随机变量与数学期望的概念，从而导致一般概率空间的诞生，这使概率的直观想法变成严格的数学概念。

作为近代数学分支的公理化体系下的概率论是苏联学者柯尔莫哥洛夫于 1933 年引入的。它建立在严格的测度论基础上，这让概率论在近代数学体系中占据了重要一席。在此后的发展过程中，特别是随机过程、鞅论等成为研究其他数学分支，以及解决控制论及相关工程问题的极其重要的工具。许多俄国学者，如切比雪夫、马尔科夫、李雅普诺夫等，都对近代概率理论做出了重要贡献。正因如此，俄国在近代概率理论方面具有很高的水平。

陈翰馥的大学毕业论文研究的是极限理论的一些性质。极限理论包括各种大数定律与中心极限定理。粗略地说，大数定律指随机事件独立试验的平均值在试验次数增大时会趋于期望值。譬如投硬币，当试验次数足够多时，得到正面和得到反面的次数几乎一样。中心极限定理指独立同分布的随机变量的和的分布会趋于一个正态分布。例如，大量人群的身高分布，会大体趋于一个正态分布。这方面的许多重要成果都是俄国学者取得的。

1961 年陈翰馥学成归国到中国科学院工作

1961 年暑假，陈翰馥大学毕业后，根据国家要求按时回到了祖国。根据他的专业和学业成绩，他被分配到中国科学院数学所概率统计室工作。当时概率统计室的室主任是王寿仁先生。陈翰馥对自己的工作环境非常满意,立即以满腔热情投入到工作中去。不久,他被委派到中国科学技术大学开设了一门专业化课程:极限理论。虽然这是他的专长,但他仍然认真准备。他的课颇受欢迎,当时上这门课的,有后来数学院的严加安院士,还有李国英教授等,他们后来都成了数学与系统科学研究院概率统计方面的领军人物。

1963 年,陈翰馥第二次到中国科学技术大学授课,讲授概率论与随机过程。这次听课的有邓述慧、徐维鼎、黄彦祖等,他们后来也都是所在单位的学术骨干。

在概率统计室工作时,他觉得专业对口,做着自己喜欢的工作,所以感到满足。当工作渐渐走上了正轨,他那时想:"这就是我这一辈子的专业方向了。"然而,命运的安排常常让人始料不及。

1960 年前后,苏联撤走了所有援华专家,相关研究一时停顿,于是我国下决心自主研发原子弹、导弹以及人造卫星等。与此同时,随着庞特里亚金极大值原理、贝尔曼动态规划、卡尔曼滤波及状态空间方法等奠基性工作的出现,现代控制理论破土而出,迅速崛起,以适应导弹、卫星等尖端控制技术的需求。正是在这样的背景下,钱学森和关肇直等一批国内优秀的科学家,以他们敏锐的洞察力,意识到现代控制理论对我国工业和国防现代化的重要作用。于是,在钱学森的倡导下,在关肇直全力以赴的努力下,经中国科学院与国防部第五研究院商定,中国科学院数学所于 1962 年 3 月成立了控制理论研究室(简称控制室),室首任主任为关肇直,副主任为宋健。

控制室从数学所抽调了一批骨干,入选的陈翰馥成了控制室的第一批成员。至今想起,他说,当时的名单是内定的,他只是被通知改换控制室。当时还不知就里,不过他还是毫无怨言地服从了调遣。从此,他的生命和事业就和控制理论结下了不解之缘。

新成立的控制室分为三个组:集中参数控制系统组(常微组)、分布参数控制系统组(偏微组)、随机控制系统组(随机组)。关先生是泛函分析专家,主持研究分布参数系统控制。这个室里真正学控制科班出身的专家只有宋健,他是兼职的室副主任,每周只来一天,他领导集中参数控制系统组的研究。当时随机控制系统这个组最弱,由大学刚毕业不久的陈翰馥当组长，他后来说："我当时完全不懂'控制'，甚至连'随机'也不甚了了。"

从一个优秀的概率论学者到位居国际前沿的系统控制科学家，陈翰馥经过了一段漫长的"在崎岖小道上不畏劳苦，奋力攀登"的历程。除了陈翰馥自身的刻苦努力外，这两个学科间的内在联系助力了他的成长。

控制论研究的对象是系统。一个复杂系统不可能没有随机性，因此，从现代控制理论诞生之初开始，系统就被分成两类：确定性系统与随机系统。确定性系统是基础，它忽略了系统的不确定因素，因此，讨论起来比较简单，而得到的结果更具基础性。随机系统进一步考虑了系统的不确定性，它考察的对象更精确，更接近真实系统，所以，研究它的难度也更大。

时任室主任的关肇直，一方面致力于立足国家需求的应用研究，另一方面也十分清醒地意识到理论基础的重要性。为了加强随机系统的学习和研究，他特别邀请了北京大学的江泽培教授到概率组指导"平稳过程"课程。江泽培先生当时身体不太好，痔疮严重，但他还是坚持每周来一次。他每次坐黄包车来，当时黄包车已经不多了，陈翰馥他们看着都觉得江先生有点怪怪的，不合潮流，但也被江先生的敬业精神深深感动。他们平常以自学为主，学江先生写的"平稳过程"讲义。江先生来的时候再问问题、讨论。

凭着自己的深厚功力和刻苦钻研，陈翰馥很快地进入了角色。通过自学，他不但对平稳过程理论有了很好的理解，而且迅速掌握了控制论，特别是随机控制的基础知识。并将两者结合，融会贯通，开展了自己的研究工作。赶在"文化大革命"之前，他和合作者安万福一起，在《自动化学报》上发表了他的处女作《多项式叠加平稳过程信号的预报过滤问题》。

1966 年 5 月，根据中国科学院和苏联科学院的协议，中国科学院派出了一个由自动化领域的专家组成的访苏代表团。代表团共七位成员，由杨嘉墀任团长，中国医科大学的陈信教授任副团长，团员有章仁为等，大多数团员均为资深教授，陈翰馥是最年轻的团员。陈信是中国医科大学的教授，他是代表团里唯一的非自动化专业的成员，是实际的领队，属于"党代表"性质的。因为是短期出国，没有治装费，所以出国衣物要借。中国科学院外事处有一个很大的房间，屋里挂着长长短短的各色西服，还有大箱子，短期出国人员都要到这里借衣物。陈翰馥也和大家一样，在外事处工作人员的指导下从这儿借到了一套出国行头。

这是陈翰馥第一次坐飞机，上飞机前，他仔细观察了这个"大家伙"。这是苏制图-104客机，长长的机翼两侧挂着四个巨大的涡轮螺旋桨，飞机起飞带着震耳的轰鸣。陈翰馥坐在靠窗的位置，他望着窗外无边无垠的白云，心绪像白云一样起伏：自己的人生、学术、事业似乎也像飞机一样，正在展翅飞翔。

代表团访问了莫斯科、基辅、第比利斯三个城市，目标是每个城市的苏联科学院下属的自动化方面的研究所。为了方便，苏联方面专门派了一位随团翻译，但是，他的中文不是很好，又缺乏专业知识，所以只能提供一些生活方面的帮助。这时，陈翰馥挺身而出，成了代表团实际意义上的翻译，为代表团和苏联同行的学术交流起到了沟通桥梁的作用。此次访问，让他结识了许多苏联自动控制方面的专家，包括齐普金 (Tsypkin) 等。

二、"四清"运动

1964年，随着"四清"运动的开展，中国科学院的科研人员也被动员分期分批到农村基础开展"四清"运动。1964年10月，陈翰馥和数学所的一批同事一起，作为工作队的成员，登上北上的列车，到东北吉林省梨树县参加"四清"运动。十月的北京尚处于秋冬之交，而吉林已是冰雪寒冬。每个工作队员都分到了部队回收的一套旧军大衣和一双半新胖头棉鞋。此后，它们成了队员们抵御寒冬不可或缺的装备。

随后，陈翰馥和他的几位同伴被分到叫做"前新立屯"的一个大队。他们没有在县城停留，立即奔大队去了。第一个晚上，他们在大队过的夜，这是在大城市出生长大的陈翰馥平生难忘的一夜：八个人排成一溜，横躺在一条大炕上。背躺在土炕上倒是不冷，可寒风透过蒙着纸的窗框，呼啸着，直往里钻。寒风吹在脸上，有一种刀割的感觉。过一会儿，陈翰馥发现有小猪钻进屋里，两只小猪或为占地盘，居然你挤我叫地斗了起来。陈翰馥翻来覆去，折腾了半宿，直到天快亮了才蒙眬睡去。第二天起来，正想把脚伸进棉鞋，居然发现里边有一泡猪屎，害得他只好穿单鞋挨冻了。

第二天分配工作，陈翰馥和数学所的两位同事安万福和杨君锋分在一组，组长是当地县委的一个工作人员，也姓杨。工作组里把组长称为"包队"，于是，大家就称他"杨包队"。他们一行四人，分到一个小队，此后，他们四人就住在一处了。杨包队三十开外，比他们长几岁。或许因为长期在县委工作，到了基层，特别是面对那些朴实憨厚的农民，杨包队多少有点盛气凌人的架势。

梨树县住所前，陈翰馥与工作队员及生产队社员合影

这个小队一共有二十来户人家，六七十口人。虽然新中国成立十五六年了，但这里的贫穷落后远远超出了年轻的陈翰馥和他一起从象牙塔来的年轻同行们的想象。他们和村民们同吃同住，在农民家轮流吃派饭，每天两顿饭，吃的是玉米面贴饼就咸菜。他们开始还觉得难以下咽，可几天下来，就开始狼吞虎咽了。

东北农村的厕所就在屋子旁边，在泥土地上挖个坑，周围插上一些高粱秆就行了。农民们上完厕所不用手纸，从高粱秆上掰下一小片干皮一刮就得了。从城里来的他们要特别小心，上厕所一定要拿根棍子。因为只要有人拉屎，鸡、猪、狗都会来抢屎吃。如果不使劲用棍子赶走它们，搞不好猪会舔到你的屁股。卫生条件差，每个队员身上都长了虱子。后来，他们发现，把长了虱子的衣服晾在外边，就能将虱子冻死。冻死的虱子，在衣服上留下点黑红色的虱尸。农村的生活让陈翰馥第一次看到了另一个世界，也让他想了许多……

"四清"运动的工作还得按部就班地进行。这个小队有四个干部：小队长、副队长、会计、仓库保管员，他们自然是斗争的对象。根据桃园经验，在杨包队的带领下，他们首先是扎根串联，争取组织起阶级队伍。他们拜访的第一人是村贫下中农协会主席，这是一位当年参加过土地改革的老人。他一听说"四清"运动是毛主席亲自发动的，又听说那些干部多吃多占，挖社会主义墙脚，顿时义愤填膺。通过他提出的串联名单，社员们都被动员起来了。

运动很快进入了第二阶段，生产队开始开大会批斗干部。北方的寒冬，无法在户外的开阔地开会，会议只能在队部的大屋子里开。开会时，长凳上坐人，炕头暖和，更是挤满了人。东北农村的男男女女都抽烟，自家种出的烟叶自家晒干，捻碎了装进自家的烟袋。那烟袋，有祖传的、油光发亮的皮袋子，有大姑娘绣着花的小布袋，还有那不知曾装过什么的各色小铁盒子。卷烟的纸，是生产队订的报纸，算是生产队犒劳来开会的社员的。

闲话少说，言归正传。在这烟熏火燎的污浊空气中，大批判的氛围显得有些诡谲。杨包队很善于攻心，一会儿拍着桌子大声呵斥："你的罪行某某早就揭发了，就看你自己的态度来定罪了！"一会儿带着大伙高呼："坦白从宽，抗拒从严！"年轻的会计最先被攻破了。开始，看着他哆哆哆嗦嗦地站在地中央，面无血色，陈翰馥心中还有许多不忍，只是不便表达出来。到后来，这小会计不但招出许多多吃多占的事情，还检举了队长的不少贪污罪行，这才使陈翰馥改变了看法。

堡垒总是从一点攻破的，会计招了以后，保管员、正副队长都开始竹筒倒豆子式地交代问题了。问题交代得越来越多，光生产队长就交代了从仓库拿走五斤花生、五斤小米、从队里支走 30 块钱等问题。陈翰馥觉得他从运动中学到了不少：农村之所以穷，就是因为这些基层干部贪污腐化。他打心眼里佩服杨包队，觉得他觉悟高，有魄力、有办法。

转眼到了春节，队员们被告知回京休整。回到北京，大家凑到一起，汇报和交流了各地的情况。看来，各地情况大同小异，基础干部多吃多占几无例外，只是五十步与百步之分而已。春节刚过，他们集中学习了中央文件"二十三条"①，突然发现，风向变了，似乎他们之前的工作犯了方向错误。

等陈翰馥他们回到前新立屯的时候，杨包队带着他们向队干部和社员群众宣讲了中央的新精神"二十三条"。不知是领会了中央精神，还是由于杨包队态度的变化，几个队干部看出了端倪，几乎同时翻供。队长振振有词地说："生产队的花生，挖出来当场就分了，根本没入仓库。""咱们队不种小米，仓库里哪有小米？"……会计说："除了国家救济款，咱生产队哪有什么现金？"……仓库保管员说："除了一堆破烂农具，仓库里就有点种子粮。种子粮谁敢偷？偷了来年要饿死人的。"……陈翰馥听得目瞪口呆：当初一把鼻涕一把泪的坦白，痛心疾首的怅悔，大义灭亲的检举，信誓旦旦的改过决心，转眼之间却成了一场滑稽闹剧。更不可思议的是，当初积极揭批的一些社员，此时却掉转枪头，替队干部们力证清白了。

此后的"四清"运动变得更加扑朔迷离。陈翰馥和他工作队的战友，就这样稀里糊涂地在前新立屯待了十个月，终于在上级一声命令下撤回了北京。

陈翰馥从上小学到出国留学后又直接分配到中国科学院工作，一直置身于学术的象牙塔中。"四清"运动让他直面另一个世界，看到了许多他难以置信的人和物。后来，他在闲谈中曾说道："四清"运动让他对社会、对人性有了许多思考和新的认识。譬如，人在压力下是可以承认许多莫须有的罪名的。这让他后来在"文化大革命"中对许多问题有独到的见解，特别是对逼供信十分反感，且以十分审慎的态度看待一切由口供得来的材料，不肯随波逐流。

周恩来年轻时写过一副自勉联："与有肝胆人共事，从无字句处读书。"其中"从无字句处读书"就是从社会和人生经历中学习。睿智来自生活的沉淀，陈翰馥从年轻时就善于观察、勇于独立思考。这使他年长后遇事办

---

① "二十三条"是 1965 年 1 月中共中央政治局召集的全国工作会议制定的文件《农村社会主义教育运动中目前提出的一些问题》的简称。

法多、主意正，成了控制室和周围朋友、学生的主心骨。

多年后，陈翰馥又和我们聊起了他参加"四清"运动的梨树县。改革开放三十年彻底改变了这里的面貌，如今这里楼房林立、道路四通八达。梨树县成为全国粮食总产的第一名和单产的第四名，成为国家现代农业示范区……言谈之间，陈翰馥对改革开放带来的山乡巨变充满了喜悦和自豪。

三、 十年"文化大革命"，一场蹉跎

1966 年 5 月 15 日，陈翰馥随中国科学院代表团到苏联访问。一个月后，他于 6 月 15 日回到北京。一下飞机，他就发现，整个世界都变了。往日庄严肃穆的北京城突然变成了嘈杂喧嚣的闹市，宣传车喇叭轰鸣，到处是情绪激动的人群在争执。中关村也如此，到处都是辩论的人群，墙壁贴满了大字报。

和全国许多单位一样，数学所在"文化大革命"初期也分成两派：所谓"造反派"和"保守派"。前者的目标主要是跟中国科学院的造反派一起，把矛头指向院领导，如张劲夫、杜润生等人；后者对批判学术权威更卖力气。当时数学所批判华罗庚，会场上齐呼："打倒华罗庚！"，会后还让素有腿疾的他去打扫走廊卫生。陈翰馥印象深刻的是，还有人为此写了大字报《劣绅也有今天》。不过，总的来说，数学所的打砸抢没有高校严重。

控制室当时成立了一个战斗组，所有控制室的人都参加，属于造反派。关肇直是当时数学所的副所长及党委委员。关肇直为人正派，作为一个党性很强的老党员，他此时感到十分茫然且无助。他努力领会中央意图，力图像党报号召的那样"揭开党内阶级斗争的盖子"。于是，他贴出大字报，公开了数学所"文化大革命"前数年党委会的开会记录。他搜索枯肠，想到的数学所党委内的"阶级斗争"只是"重理论轻实践"的现象。

关肇直平素群众关系好，特别是对年轻人关爱有加，又是领导班子中最早出来揭盖子的，于是，他很快被造反派结合进了新领导班子。这件事后来被一些不明就里者诟病，其实，这真的是"斯人无罪，怀璧其罪"。

1968 年，中国科学院突然开展了一个揪"××国叛徒集团"的活动。活动的起因，据说是第二机械工业部有人将有关核武器的机密文件送给某

外国大使馆。运动迅速地扩大化，中国科学院各所的一些科研人员都成了审查的对象。

开始，陈翰馥也加入了一个专案组，他负责记录，在审讯审查对象的过程中，陈翰馥目睹了刑讯，他立即想起在"四清"运动中那些费了九牛二虎之力搞成的，最后被一风吹了的材料，当天晚上他就申请退出了专案组。

1969 年，在毛泽东"五七"指示的指引下，全国各高校以及机关单位都开始办"五七干校"。学校教师、科研人员、机关干部，都被要求去"五七干校"，走"五七"道路，接受工农兵再教育。中国科学院的"五七干校"在湖北潜江，这里本是劳改农场，从地的这一头到另一头有五六百米。陈翰馥不久就被分配到了这里。他们的生产任务是种棉花。那里有血吸虫病，等"五七干校"撤销时，有个别人就染上了血吸虫病。

1970 年，全国开展反"五一六"的斗争，说"五一六"是一个反周恩来总理的反革命组织。现在看，"五一六"就是一个莫须有的乌龙。可当时阵势很大，一些人在高压下不得不认罪。数学所有人在逼供信下认了罪，违心地编了许多故事，到中国科学院去现身说法，痛哭流涕。通过互相揭发指认，数学所当时有五六个人都违心地认了罪。控制室的关肇直、狄昂照、秦化淑等，都被猛攻，所里的其他人，都不敢和他们打招呼。

干校的一些人也被举报。陈翰馥也被举报为"五一六"分子。从 1970 年末开始的一段时间，他也被隔离了。每天人家下地，他要留下来"好好反省"，写材料。12 月 26 日是毛泽东诞辰，这天，大家都去开庆祝会，他正准备出门，突然被班长狠狠喝住："你不许去！"陈翰馥自始至终顶住了压力，他坚决不承认自己参加了"五一六"，更不承认自己反周总理。陈翰馥没有动摇，经历过几次运动，他相信，总有一天，事情会水落石出的。暑假过后，反"五一六"运动就开始降温了。

1971 年初秋，陈翰馥和一大批"五七"战士一起回了北京。回来不久，就发生了"九一三"事件，林彪出逃。"九一三"以后，反"五一六"运动就不了了之了。林彪折戟沉沙之后，国内外一些专家提出要加强基础理论研究。周恩来总理做了批示，肯定了他们的意见。中国科学院不再强求科研人员参加"文化大革命"，允许他们从事研究工作。此后，中国科学院也从连、排班建制回归到原来的所、研究室建制。

此后，关肇直开始全身心地投入科研工作。他在数学所四楼 426 大房间和一群年轻人一起办公。凭着他天赋异禀的数学才能和超群轶类的记忆力，他飞快地阅读国外现代控制理论的前沿知识，努力追回"文化大革命"失去的几年。

陈翰馥和室里大多数年轻人，此时也厌倦了"文化大革命"的瞎折腾。在关肇直的带动下，将心收回到书桌边，重新开始钻研学问了。关肇直以其超强的吸收能力，迅速地追赶着控制论的前沿。同时，他几乎每天都给室里的年轻人讲话，无私地将自己刚刚学到的控制论知识毫无保留地教给他们。关先生就是这样，带出了一支在"文化大革命"刚一结束就崭露头角的控制队伍。

"文化大革命"是一场灾难，是我们在社会主义建设的探索中犯下的一个错误。习近平总书记深刻指出，我们党领导人民进行社会主义建设，有改革开放前和改革开放后两个时期，但本质上都是我党领导人民进行社会主义建设的实践探索。

"文化大革命"是一个大课堂，每一个亲历者都从中学到许多。即使是在"文化大革命"中，陈翰馥仍然跟随关肇直，在困难的条件下坚持了科研，保存了现代控制理论的星星之火。

四、 跟随关肇直先生

倘若你对新中国成立后数学所的历史有兴趣，那么关肇直是一个绕不过去的人物。关肇直生于 1919 年，父亲关葆麟早年留学德国，回国后任铁道工程师。母亲陆绍馨毕业于北洋女师范学校，曾任教于北平师范大学。出生于这样一个书香门第，他从小受到良好的文化熏陶。

他于 1936 年考入清华大学土木工程系，1938 年转入燕京大学数学系。1941 年毕业后留校任教。1946 年转到北京大学任教。1947 年加入中国共产党，并经党组织批准赴法留学。1949 年新中国成立，他立即回国，参与中国科学院组建工作，为中国科学院首届党组成员之一。他于 1980 年当选为中国科学院学部委员 (院士)。1982 年病逝于北京。

关肇直 (1919—1982)

　　他开创性地揭示出泛函分析中"单调算子"的思想，证明了求解希尔伯特空间中非线性方程的最速下降法的收敛性。他应用抽象空间中线性算子的谱扰动理论，给出平板几何情形的中子迁移算子的谱的确切结构，并指出本征广义函数组的完整性。

　　从 20 世纪 60 年代开始，他全身心地投入现代控制理论的研究及其在中国的推广。他提出细长飞行器弹性振动的闭环控制模型，开创了分布参数系统理论的一个新方向。关肇直参与我国第一颗人造卫星的轨道计算与轨道选择，获 1985 年国家科学技术进步奖特等奖，他个人被授予"科技进步"奖章。

　　同时，为推广现代控制理论，他踏遍了祖国的山山水水。在他的领导、组织和推动下，中国有了第一个控制理论研究室、第一次"全国控制理论与应用会议"、第一本《控制理论与应用》杂志、第一套"现代控制系统理论小丛书"……他是中国现代控制理论的开拓者，一位杰出的先驱者。

　　1962 年，在钱学森等人的支持下，关肇直在数学所成立了控制室。从此，他成为新中国现代控制理论的掌舵人。陈翰馥也是此时被调入控制室的，成为控制室的首批成员。控制室初创时和第七机械工业部及中国科学院计算技术研究所 (简称计算所) 有紧密合作，第七机械工业部不仅派出宋健兼任副主任，还派出何国伟等人来合作指导，另有 3—4 人常驻在控制室。

　　1971 年"九一三"事件后，中国科学院开始部分恢复科研工作。为了弥补"文化大革命"失去的时间，关肇直全身心地投入现代控制理论的学习和传播中。他首先抓的就是控制室，要把控制室的年轻人培养出来。他大量阅读国际控制期刊，并将自己学到的讲给控制室的年轻人听。这时，陈翰馥实际上成了关肇直的学生。

1962 年与同事合影

第四排左起：张润通 (数学所)、郑之辅 (数学所)、稽兆衡 (国防部第五研究院)、金维言；第三排左起：毕大川、秦化淑、陈翰馥、丘淦兴 (国防部第五研究院)、陈俊本、华俊荣；第二排左起：安万福、张鄂棠、唐志强 (国防部第五研究院)、何关钰、韩京清、狄昂照；第一排左起：关肇直、吴新谋 (数学所)、张学铭 (山东大学)、王寿仁 (数学所)、张素诚 (数学所)

这时，由于社会上读书无用论的流行和"文化大革命"中批评资产阶级知识分子的影响，真正能静下心来钻研业务的人不多，而陈翰馥却是这样的一位。他不仅数学基础好，而且脑瓜聪明，理解得快，于是，他成了关肇直的一位弟子。他对关肇直的学识和记忆力也极为佩服，虽持学生礼，但也不乏惺惺相惜的书生情怀。

为了让学到的理论得到检验，更为了直接为国家需求服务，关肇直开始广泛联系国防科工委①的研究单位，希望和他们合作开展相关控制理论的研究。其实，当初成立控制室的本意，就是要为国防科研服务。当时，许多高校的科研工作已经处于瘫痪状态，而国防科工委却是"文化大革命"

① 中华人民共和国国防科学技术工业委员会 (简称国防科工委) 是原国务院组成部门之一，建立于 1982 年，负责组织管理国防科技工业计划、政策、标准及法规的制定与执行情况监督。现已撤销。

中科研的一片绿洲，关肇直就想让现代控制理论在这片绿洲上生根发芽、开花结果。

1976 年陈翰馥与关肇直先生赴贵州遵义参加合作课题研究

这时，陈翰馥成了关肇直的得力助手之一，关肇直带着他们，去了许多国防科工委单位。其中包括：研究潜艇的天津第六机械工业部 707 所，研究导弹的洛阳 612 所，沈阳飞机制造厂，还有湖北、西安、贵州、四川等地的军工单位。由于当时现代控制理论的知识不是很普及，而军工单位又特别需要这些知识，所以他们的传经送宝受到极其热烈的欢迎。他们在全国各处撒下了大片的现代控制理论的种子。

虽然各地很欢迎他们去，但限于当时的客观情况，各地条件还是比较艰苦的。吃饭要自带粮票，通常就在单位食堂，没有多少选择的余地。住房条件也差，总是两人挤住在一个小房间，没有热水也没有卫生间，夏天更不可能奢望有空调。有一次，由于家具上了新的中国漆，陈翰馥全身过敏，当时没有合适的医疗条件，只能咬着牙坚持工作。

为了能够休息好，关肇直总喜欢每天晚上睡觉前喝一点白酒，说这样睡得香。他还对陈翰馥说："这是跟你父亲学的。"关肇直后来 63 岁去世，起因是肝脏问题，这固然与他长年超负荷工作有关，但也可能跟他习惯空腹喝白酒有关。那时的白酒多半价廉质劣。

工作之余，关肇直会同陈翰馥聊一点悄悄话。关肇直曾经说过，他在法国跟一般拓扑学和泛函分析的奠基人 M. Frechet 学泛函分析，成绩很好，被人称为 Frechet 最好的学生之一。但听到新中国成立的消息，他一兴奋，就想回来。当时刘仁曾劝他，等拿到学位再回来，但那时年轻，感情用事。现在想起来很后悔，真该拿到博士学位再回来。

"文化大革命"中的这些学习和训练，让陈翰馥逐渐走到了现代控制理论的前沿。因此，1976 年"文化大革命"刚结束，蓄势待发的陈翰馥立即推出他的一篇新论文《关于随机能观测性》，发表在《中国科学》上。这些成果，都与"文化大革命"中关先生的指导和帮助分不开。

五、 探索理论，发力军工

关肇直是 1952 年来到数学所的。吴文俊先生曾在一次访谈中讲道：当时数学所的人际关系不好，矛盾较多，是关肇直到了以后才使数学所逐渐安定了下来。吴文俊先生还曾著文 (胡作玄，石赫，2002) 谈道：关肇直来到数学所，负责党关于业务方面的领导工作，并提出了四条原则。第一，研究工作要立足于我国社会主义建设的需要；第二，研究工作要有理论上的创新；第三，要发扬学术民主；第四，要开展学术交流。对于这几条原则，关肇直身体力行。他带领控制室，正是走着这样一条理论联系实际的道路。他不愧被称为"把正了理论与实践之舵者"(陈翰馥等，2002)。

控制室初创时，关肇直没有急功近利，他清醒地意识到，要想尽快掌握控制论，就必须加强其背后的基础理论学习。他采取了几个措施：一是请进来，他请了江泽培先生，每周一天，来随机组指导平稳过程；还请了何国伟先生来指导工程中的随机问题。二是系列讲座，例如请了张学铭先生讲极大值原理、张嗣瀛先生讲微分对策。三是讨论班，以随机组为例，通过自学及讨论，大大提高概率论及随机过程的基础水平，为此后随机系统控制理论的学习和研究打下了坚实的基础。

作为随机控制系统组的负责人，为了尽快进入随机控制这个新领域，陈翰馥下了许多功夫刻苦钻研。除了自学，他还利用一切机会提高自己的专业知识水平，并带动全组边学习边开展相关研究。陈翰馥于 1966 年发表了他的首篇论文，标志着他真正开始了控制领域的研究工作。

成立控制室的初心，就是要解决国家工业自动化，特别是国防工业中的自动控制问题。于是，在开展相关理论研究的同时，控制室在关肇直的带领下，迅速投入到国防科工委的科研项目中去了。当时第七机械工业部2院的主要研究任务是开发地对空导弹，2院在永定路，陈翰馥和控制室的几位同事参加这项科研工作，在第七机械工业部2院的集体宿舍一住就是半年多。他们周末骑车回来，周一一早再骑车过去。

2院有两个实验室，分别在永定路两边。路西是2室，路东是3室。控制室来的人分在两个实验室，科研内容都是保密的，两个实验室之间也不宜交流。陈翰馥他们在3室，最早的室主任是宋健，后来改由叶华明担任。叶华明是叶挺的二儿子，他对数学所控制室的专家很重视，和陈翰馥他们相处得很融洽，合作得很愉快。

那是真刀真枪的科研，2院的院子里就摆着老旧的苏-543地空弹。这个弹是中国从苏联买来的，当时拿到的只有使用说明书，从工作原理、设计方法到相关参数，一概不知。3室的科研人员从这个实物开始进行反设计，包括理论推算、优化改进、控制设计等。陈翰馥他们主要投入到控制设计这一块，实践给他们提出了许多新的问题。例如，导弹飞行中气动系数的估计，这涉及非线性和随机性问题，需要应用和改进卡尔曼滤波等方法。那时的他们，对现代控制理论也还是初学者，况且实际问题未必有现成的理论可用，于是，他们只能是带着实际问题边学习控制理论，边钻研新问题、新方法，学以致用、立竿见影。后来中国的红旗系列地对空导弹就是从这里发展起来的。

20世纪60年代，是国际上现代控制理论及其应用如雨后春笋般破土初发的时代，钱学森、关肇直等人以其敏锐的学术感知，带领陈翰馥等一班年轻人，开展了现代控制理论及其应用的研究，迅速地跟踪着国际前沿。不幸的是，这种大好的科研形势受到了政治运动的冲击。1964年，中国科学院的人被全部调回，然后分别组队，下农村搞"四清"运动。于是结合军工开展的科研就全部停止了。

随之而来的"文化大革命"，使在"四清"运动中停滞的科研工作更加渐行渐远。一直到1971年林彪"九一三"事件之后，国内的政治气氛才有所改变，中国科学院的科研工作才得到部分恢复。陈翰馥和陈景润等许多科研人员一样，迫不及待地回到了书桌前，重新安心下来开展研究工作。

"文化大革命"开始后，中国科学院原来的行政机构被打破，研究所和研究室等行政单位被军队的连、排、班体制所代替。此时，为开展科研工作又恢复了研究室。利用当时的革命口号"抓革命、促生产"，关肇直带领室里的同志，顶住极左的压力，在艰苦的条件下坚持"促生产"，完成了一系列具有重大国防意义的军工科研项目。其中包括：完成了"东方红一号"人造卫星的轨道测量与轨道选择，"红卫兵一号"的测轨、惯性导航、中末制导等的研制和计算机仿真，"反击一号"的测轨、制导、弹性振动问题的研究与仿真，红旗二号的振动问题，核潜艇惯性导航系统综合校正的研究等一系列国防科研项目。

导弹末制导的控制设计，主要是由陈翰馥与关肇直一起完成的。当时，中国还没有国产的微型计算机（简称微机）。国内流行一种"长城牌"微机，是 286 的前身，由当时大名鼎鼎的华裔美国微机制造商王安生产。王安和关肇直有交情，愿意送一台微机给关先生，关先生当然不会要，于是，这就成了送给数学所的礼物。既有缘由，又是急需，这台微机就主要由关肇直、陈翰馥等用来进行导弹末制导计算。在理论分析和算法推导的基础上，他们就在这台简陋的台式机上推算出了导弹控制的"末制导"精度。

在关肇直的带领下，陈翰馥以及控制室的其他年轻人，将控制理论与实际相结合，得到了许多更加符合工程意义的理论成果。这些成果被实际设计部门采纳，用于具体型号，成为我国导弹运载火箭设计中不可或缺的理论依据。我国"导弹之父"钱学森于 1983 年在关肇直逝世一周年的讲话中指出："他们的工作结果已经应用到我们的国防尖端技术设计工作中。这里的部分结果，在最近，获得国家自然科学奖二等奖，其题目是'飞行器弹性控制理论研究'。我必须说，这一项工作仅从题目的字面上好像看不出它的全部作用。实际上，它现在已经是导弹运载火箭所不可缺少的设计理论。"（中国科学院系统控制重点实验室，2012）

从林彪"九一三"事件之后，控制室对现代控制理论的探索，包括对国际前沿的跟踪，都在始终如一地默默坚持着。关肇直先生外语和数学功力都好，进入新的领域快，在 "文化大革命"后期，别人还在搞"革命"

时，他就已经悄悄地读了很多正蓬勃发展的控制理论的相关论文，努力跟踪着国际前沿的动向。1971年以后，他就系统地将这些知识传授给室内年轻的研究人员，使大家受益匪浅。关先生还主编了一套在科学出版社出版的"现代控制系统理论"小丛书。关先生知识面广，记忆力超强，控制室里的年轻人常向他请教文献，他总能给出令人满意的答复，当即说出刊物名称。令人惊讶的是，答复往往同时包括年份、期号，甚至页码。

关先生非常关心年轻人的成长，特别是当他发现陈翰馥是一个可塑之材时，更是不遗余力地给予帮助。1971年恢复研究工作后，陈翰馥结合军工项目的需求，主要从事随机系统的能观性、能控性、缺初值的状态估计、奇异随机控制和对策等研究。"文化大革命"结束后，有备而来的陈翰馥立即推出他的一系列论文，他的多篇英文论文，都得到关先生在内容上的指点和语言上的修改。就这样，在关先生的帮助、指导下，在解决国家需求的责任感的催促下，陈翰馥探索着走上了研究随机控制系统之路，为此后在随机控制领域大展宏图迈出了坚实的第一步。

第四章 在科学的春天里大展宏图

一、 科学春天，旧貌新颜

1978 年 3 月，在十一届三中全会之前，中共中央在北京召开了有深远历史意义的全国科学大会。会上，邓小平提出"科学技术是第一生产力""知识分子是工人阶级的一部分"等英明论断，为科学技术，也为知识分子正了名。正如郭沫若在闭幕式上宣布的那样："我们民族历史上最灿烂的科学的春天到来了！"从此，中国的科学研究走上了快速发展的道路。

陈翰馥的成才之路见证了控制理论研究室半个多世纪的沧桑巨变，更见证了从十一届三中全会开始的改革开放为科技工作者带来的生机勃勃的科学春天，见证了此后科研战线上的旧貌换新颜。

至今，陈翰馥还记得控制理论研究室刚成立的日子。那时，关肇直带着他们 7 名走上工作岗位不久的年轻人埋头钻研，以"初生牛犊不怕虎"的精神从零开始，闯进了一个崭新领域。那时候因陋就简的情形几近不堪回首：数学所的办公室是六个人一间，关先生也和大家一样，只有一张小小的办公桌。虽然有不少课题，但却没有，也不用课题经费。回顾当时的情况，陈翰馥曾经诙谐地说："每月到所里领一点格子纸、蘸水笔尖及糨糊，就什么都有了。"

　　"文化大革命"结束前后，陈翰馥和关先生一起，为了宣传和推广现在的控制理论，到国内许多高校和科研机构做报告。那时出差，常常是坐火车硬座，住在小旅馆，两人一间。所到之处，自带粮票及人民币，到公共食堂购票进餐。

1978 年恢复正常工作，走上国际学术舞台

　　1979 年，国际国内在系统科学与控制理论方面的研究正如火如荼地进行，为了适应这一学科快速发展的需求，在关肇直、吴文俊、许国志等老一辈科学家的倡导下，原数学研究所控制论研究室、运筹图论研究室、统计室、基础数学室等的科研人员及部分行政人员，组建了中国科学院系统科学研究所。当时，关肇直提出的建所原则是："一心为四化，学术民主，精简机构，扩大研究室的自主权。"又指出建所目标是："应有科学创造性，努力创新，密切同各产业部门的联系与协作，为国民经济和国防建设服务，赶超世界先进水平。"吴文俊曾评价说：系统所的成立，"对数学界过去作了很好的总结，也为我国数学的未来展现了一个崭新的局面"。

　　关肇直担任系统所首任所长，此后，控制室成为系统所的一个核心研究室。此时，秦化淑和陈翰馥成为关肇直业务上的主要助手，控制室大致按关肇直提出的建所原则发展。控制室在 1978 年和 1979 年以关肇直的名义分别招收了 4 名和 2 名研究生，陈翰馥参与了大量指导研究生的工作。

20 世纪 80 年代初期控制室成员合影

第一排左起：王朝珠、秦化淑、关肇直、李廷忠、王康宁、崔毅；第二排左起：毕大川、许国志、狄昂照、王恩平、陈翰馥、许可康

正当系统所以及控制室的工作逐步走上正轨之时，关先生不幸罹患重病，于 1982 年去世。于是，控制室和相关控制学科发展的重担就一下子压到了秦化淑、陈翰馥等几个年轻人的身上。由于人品、工作能力，特别是出色的学术水平，陈翰馥逐渐脱颖而出，成为关肇直之后控制领域的领军人物。一位 1978 届的研究生，曾经提起让他记忆深刻的一件事：初到控制室，见室里的两位科研人员，因为一个学术问题争执不下，此时，一个提议道，"咱们去问陈翰馥去"，另一位欣然同意，于是，二人一道出门而去。可见，当时陈翰馥的学术水平，已为室里其他科研人员所信服。

随着改革开放的深入，控制理论与应用的研究也呈现出百花齐放、多姿多彩的势态。为适应新形势，控制室于 1987 年分成"控制理论与应用"及"系统分析与控制"两个室。前者更偏重控制理论而后者更偏重系统科学。

20 世纪 90 年代以后，国内的科研条件有了不小改善。同时，科研的管理也慢慢发生了变化，与国际接轨。这时，没有经费就很难进行国内外学术交流。基本的科研条件，不要说计算机，就是通信及办公用品都困难。80 年代后期开始，中国科学院实行开放实验室制度。许国志、邓述慧等动作迅速，捷足先登，成立了系统所内的第一个开放实验室 ——"中国科学院管理、决策与信息系统开放实验室"。开放实验室得到中国科学院稳定的经济支持，日子好过多了。

为求生存、谋发展，申请"开放实验室"成为控制室的当务之急。陈翰馥和秦化淑、王恩平等协力同心，为此作了很大的努力。他们多次写申请书、参加答辩，但因此时申请单位很多，要排队等候。终于，在 1992—1993 年，他们申请到了 10 万元的科研经费，这不但解了实验室燃眉之急，也使实验室向开放实验室挺进了一步。

1989 年陈翰馥在系统所成立十周年活动上发言

这期间郭雷由于其出色的工作，获中国科学院批准成立青年实验室。陈翰馥当时担任副所长，经他的努力，将常金玲调入，担任青年实验室的秘书。当时的工作条件还是很差的，陈翰馥、郭雷、常金玲，他们三个人一间办公室。所有这些，都在为系统控制开放实验室鸣锣开道，做着先期准备。1994 年终于到了瓜熟蒂落、水到渠成的时候。经过又一轮答辩，他们终于获批成立系统控制开放实验室，陈翰馥亲自担任首届室主任，从此，他挑起了引领实验室前进的重任，系统控制实验室进入了一个大发展时期。2001 年实验室更名为"系统控制重点实验室"，继陈翰馥之后，郭雷、张纪峰、洪奕光依次担任了实验室主任。

开放实验室成立之后，原有的控制团队形成了开放实验室与两个行政实验室并存的局面。1995 年陈翰馥担任系统所所长，新班子对系统所进行了整改。对整改的指导思想，陈翰馥曾总结说："系统所把过于分散、规模过小的研究室调整为以重点研究方向为基础的实力较强的研究单位，把分散的课题进行集中；在评估标准上，强调多途径、多标准、互相尊重、互相支持。"这次调整，将系统所的 13 个研究室调整为 5 个。两个行政实验室又回归到一个"系统控制研究室"，而开放实验室则是其核心。再后来，随着一些老同志的退休，前者就完全被后者取代了。虽然控制室有过分分合合、更名归制的变迁，但其基本团队和团队精神却是一以贯之的，这在陈翰馥、秦化淑等老同志以及郭雷、张纪峰等后来者的身上都得到了充分的体现。

1995 年在系统控制实验室成立暨学术委员会会议上作汇报，听众席上左为杨嘉墀

20 世纪末，复杂性科学异军突起，被称为 21 世纪的科学。面对这一新的挑战，陈翰馥带领控制室，从 1997 年至 2001 年，主持完成了由系统所领衔，以中国科学院自动化研究所、北京大学力学与控制工程科学系、清华大学自动化系、东南大学自动化系为主要参加单位，包括上海交通大学等全国其他十余所高校与科研院所科研人员合作承担的科学技术部攀登计划预选项目"复杂系统控制的基础理论研究"。该项目在随机系统、非线性系统、分布参数系统、系统鲁棒控制和分析、离散事件系统，以及系统可靠性和控制智能化等 6 个领域展开研究，在复杂系统控制基础理论研究的一些重要前沿方向提出了新的思想和新的方法，取得了一系列具有重要原创性和突破性的研究成果。在执行项目的 4 年间，获得国家自然科

学奖三等奖 1 项、IFAC 世界大会青年作者奖 1 项；发表了一大批高水平的学术论文，特别是在自动控制界顶尖刊物上发表的论文数大幅度上升，仅在电气和电子工程师协会 (IEEE) 系列刊物就发表了 24 篇。

1997 年于系统所

左起：秦化淑、陈翰馥、宋健、王恩平

1998 年实验室评估会，专家与实验室部分成员合影

1999 年，实验室领导换届，陈翰馥的第一个博士研究生郭雷接过了室主任的重担。郭雷作为一位国际知名的青年才俊逐渐扛起了控制领域领军的大旗。而陈翰馥虽然依旧日夜心系实验室，但在实验室的行政工作中则

逐渐转向顾问的角色。

2005 年实验室学术委员会会议

前排左起：郭雷、宋健、陈翰馥

2008 年实验室工作会议

前排左起：程代展、王龙、陈翰馥、段广仁、张纪峰、张旭；后排左起：刘志新、裴海龙、

方海涛、洪奕光、黄一、常金玲

作为中国科学院的重点实验室，实验室成员承担了许多重要的课题，包括由郭雷负责的国家自然科学基金创新研究群体项目、8 项国家自然科学基金杰出青年基金项目、5 项国家自然科学基金重点项目、973 项目、海外学者合作项目等。主要研究方向有随机系统控制，非线性系统控制，分布参数系统控制，量子系统控制，系统建模、辨识与自适应控制，网络、通

信与信号处理，航空航天与工业中的控制研究，复杂系统，逻辑动态系统，系统生物学和系统可靠性等。本着开拓创新、与时俱进的精神，控制室特别关注新生长点的涌现。

2012 年陈翰馥在实验室成立 50 周年纪念会上发言

2014 年 3 月控制室 973 项目启动会合影

除去世的关肇直院士外，控制室现有两位中国科学院院士、6 位美国电气和电子工程师协会会士、4 位国际自动控制联合会会士、7 位国家杰出青年基金获得者、4 位中国科学院百人计划引进人才。控制室是中国自动控制领域的一支领军劲旅，同时，在国际系统控制学界也享有盛名。

从 1962 年控制室初创至今，在 57 年的 20 000 多个日日夜夜，陈翰馥始终与实验室同呼吸、共命运。实验室的每一步发展都融入了他的运筹和思考，实验室的每一份成绩，都包含着他的心血和付出，实验室的每一个人、每一件事，都在他心中重千斤。

二、 改革开放，走向世界

1978 年以后，在改革开放时代潮流的推动下，关肇直以其敏锐的学术感知和良好的国际关系，带领控制室率先迈出国门，踏上破冰之旅，请进来、走出去，成为中国在控制科学领域开展国际学术交流的先行者。

为了适应国际学术交流的需要，陈翰馥开始刻苦学习英语。他虽然中学学过英语，但不喜欢外语，成绩远不如数学好，后来留学苏联，学的是俄语，经过许多年，英语忘得差不多了。那时录音机还不普遍，为了练听力，他买了灵格风的唱片，在一台旧唱机上反复听。功夫不负苦心人，他很快成了室里继关肇直之后英语最好的年轻人。

1978 年陈翰馥 (左) 在芬兰参加第七届 IFAC 世界大会，

与宋健 (中)、王振中 (右) 合影

　　1978 年的第七届 IFAC 世界大会在芬兰赫尔辛基召开,中国派出了二十多人的庞大代表团,这是中国控制界"文化大革命"后最大规模的"走出去",是与国际控制界交流的破冰之旅。代表团成员有宋健、杨嘉墀、陈翰馥、戴汝为等,还有中国科学技术协会的一些成员。陈翰馥是这次会上唯一宣读论文的中国 (不含台湾地区) 学者。在缺席了十多年之后,国际控制界对重返国际舞台的中国学者表现了很大的热情。当陈翰馥做报告的时候,何毓琦、谈自忠等国际知名的华人控制学者都来了,他们既表示感兴趣,也表示支持。陈翰馥也是在这次会上认识了许多控制界的知名学者,并从此和他们结下了友谊。

　　陈翰馥做报告的那个分会场的主席是 Wonham,他对陈翰馥的报告评价很高。后来,这篇文章被 Wonham 推荐到 IFAC 的旗舰期刊 *Automatica* 上发表,成为 1970—1980 年唯一一篇由大陆学者完成的 *Automatica* 论文。

　　从 1979 年开始,关肇直出面邀请了许多国际控制界的知名学者来华访问。1979 年来访的有 Wonham、谈自忠等。Wonham 的名著《线性多变量控制》(Wonham, 1974) 当时流传甚广,关先生请他来所里做系统讲座,国内许多高校的老师前来旁听。讲座对现代控制理论在国内的传播起了一定的促进作用。谈自忠做了一场关于非线性控制系统几何理论的报告,这是当时控制领域最前沿的方向。关先生对他的报告评价很高。从数学家的角度出发,关先生听着听着,悄悄对身边的陈翰馥感慨道:"他是工科出身,居然能把数学概念讲得这么清楚!"

　　当时海外学者来访,都要有国内人员陪同。陈翰馥英语好,又在赫尔辛基认识了 Wonham,于是 Wonham 来访,就由陈翰馥陪同。Wonham 的系列报告,均由陈翰馥翻译。Wonham 结束了北京的讲学后,还顺访了南京、上海、杭州等地。当时他的这些行程,都要报请中国科学院批准,由中国科学院外事局与接待方联系落实后发文通知。陈翰馥陪同 Wonham 先到南京,访问南京理工大学,当时称为华东工程学院。他们还见到了当时才 17 岁的邹云。从南京到上海,在上海主要访问了华东师范大学,华东师范大学当时在控制理论方向上有郑毓蕃、袁震东等人,实力雄厚。上海之后,还到访了杭州。这一路,陈翰馥全程陪同,两人相互理解,建立了很好的友谊。

1979 年陪同 Wonham 游览长城

美国圣路易斯华盛顿大学系统科学与数学系的谈自忠教授，是最早来访的海外学者之一。谈自忠与陈翰馥同年，他豪爽健谈，很快同陈翰馥建立起友谊，他们日后成了好朋友。谈自忠向他提出，可以给系统所两个博士研究生名额，并提供奖学金，至于人选，他委托陈翰馥全权处理。陈翰馥也很高兴，就将此事报告了关肇直。

"文化大革命"后中国科学院的第一批研究生是 1978 年入学的，当时，有一批学生经导师推荐，直接到玉泉路培训外语，并于 1979 年公派出国留学了，他们是"文化大革命"后首批出国的留学生。关肇直的首批研究生共四位，当时，关肇直并不主张立即派他们出国留学，他相信国内有能力培养，故未推荐。到 1980 年，由于李佩和几位外籍教师的协助，中国科学院研究生院兴起一股自费留学风。此风后来才刮到全国，但谈自忠来访时，研究生出国留学已经为政策所容许。关肇直的四位研究生中有两位年龄相对较大，基础也好，关肇直认为他们已无须出国留学，国内完全有能力培养。于是决定让其余两位——程代展和曾晓明去申请。

程代展和曾晓明从陈翰馥处得知这个消息后都很高兴，不过很快就又犯愁了：他们当时没有一点国际交往的经验，英语也不够好，面对一堆表格束手无策。陈翰馥只好亲力亲为，一手包办。他不仅帮他们填了表，而且还去找关肇直、吴文俊、许国志三位老先生帮写了推荐信，甚至连信都是由他代发的。多少年后，当程代展谈及这段往事时，依然充满了感激和愧疚。

瑞典两院院士、国际著名的控制理论专家 K. J. Åström 是 1980 年首次来访的。他访问了北京和上海，也是由陈翰馥在其做学术报告时担任翻译，此外还全程陪同。K. J. Åström 很健谈，且对中国很友好。当时，中国各方面条件还很差，陈翰馥负责接待，有时显露一丝窘态。一次，K. J. Åström 多少有点安慰地说："第二次世界大战之前，瑞典也很穷，当时，我们家三代人，住在只有两间卧室的小屋……到第二次世界大战结束后瑞典才快速发展起来。"幸运的是，此后的三十来年，中国真的飞速发展起来了。

1980 年 K. J. Åström 来访

K. J. Åström 还多次谈到他提出的自校正调节器，说实验结果非常好，但理论上还没有完整的证明。这个课题后来成了陈翰馥团队的一个主攻目标，最后，由郭雷和陈翰馥彻底解决了。K. J. Åström 随后由陈翰馥陪同访问了上海。最后，乘飞机从上海到香港转机回国。吃了两个星期的中国菜，临上飞机，他说："现在最想的就是喝一杯牛奶！"倘若在今天，中国哪里喝不到牛奶？

1981 年接待 K. J. Åström 来访，关肇直 (右一)、陈翰馥 (右二)

受关肇直邀请，现代控制理论的奠基人之一 Kalman 于 1981 年来访，他在系统所做了五次系列讲座。这次正赶上陈翰馥到日本京都参加第八届 IFAC 世界大会，与 Kalman 失之交臂。

1982 年初，陈翰馥收到加拿大麦吉尔大学教授 P. Caines 的一封邀请信，邀他到麦吉尔大学做访问副教授。条件优越，任务则是合作研究。这是一个很好的机会，陈翰馥在高兴之余多少有点疑惑：他并不认识 P. Caines，为什么会有这等好事落到他头上？许久后他才知道，P. Caines 是 Wonham 的好朋友，P. Caines 想找一个做随机系统的合作伙伴，Wonham 向 P. Caines 推荐了他。

陈翰馥将此事报告了关肇直，关肇直也很支持，觉得这个职位比较适当。陈翰馥此前曾计划申请新西兰的一个博士后的名额，关肇直表示反对。改革开放初期，由于长期与外部世界缺乏交流，国人普遍存在一种崇洋媚外的倾向，过高估计了海外的学术水平。关肇直由于自身的学术水平和国际视野，对国际学术界有一个较为客观的判断。因此，无论对研究生还是访问学者的派出，关肇直都有自己的一定之规，从不媚俗。陈翰馥在国际交往中一以贯之地不亢不卑、落落大方，这也许是在一定程度上受关肇直的影响。P. Caines 是一位非常友善的学者，他跟陈翰馥的合作进行得十分顺利而愉快，得到了许多很不错的结果。在生活上 P. Caines 也挺照顾陈翰馥的，从一开始帮他找房子，到后来写书，他都给了陈翰馥许多无私的帮助。陈翰馥自己住了一个两室一厅的公寓，条件很不错，他很注意自己的身份，不肯让外国人低看了中国人。

当时，陈翰馥打算写一本关于递推估计的英文书，P. Caines 得知此事后大力支持，他在许多细节上，特别是英文写作上给了陈翰馥许多帮助。当时，陈翰馥也不会打字。正好 P. Caines 雇了一个秘书给自己打印书稿，他就让秘书也帮陈翰馥打书稿。日后，这本书成了递推估计方面的一本经典参考书 (Chen，1985)。

1991 年陈翰馥与 P. Caines 在北京家里

P. Caines 夫人原是新加坡的日籍移民，人很友善，据说，邵逸夫发迹前她们家还资助过邵逸夫。她曾经对陈翰馥说，P. Caines 几次对她说："我想要的就是陈翰馥这样的人。"这不是客气话，P. Caines 是做随机系统控制的，工程出身，陈翰馥显然是他最好的搭档。P. Caines 和陈翰馥后来成了终生的好朋友。

三、 从践行者到组织者

陈翰馥是"文化大革命"后中国知识分子走向世界的先驱，他为中国控制界与国际接轨做出了巨大贡献。

IFAC 是自动控制领域最大的国际组织。1957 年在巴黎召开了成立大会，当时有 27 个国家组织参加，确立了每个国家只能有一个代表组织的组织形式，中国是创始国之一。大会选举了第一届执行理事会 (Executive

Council)。理事会共十人 (包括秘书),由于钱学森在国际控制界的影响,他被选为第一届 IFAC 理事。中国自动化学会派出钟士模、杨嘉墀参加成立大会。

IFAC 世界大会每三年召开一次。第一届 IFAC 世界大会于 1960 年在莫斯科召开。当时由中国自动化学会派出代表团参会,代表团成员有钟士模、杨嘉墀、屠善澄、郎世俊、王传善。这次会议宣读了涂序彦等中国学者的 6 篇论文。第二届 IFAC 世界大会于 1963 年在瑞士召开,中国自动化学会也派出代表团参会,并推荐代表加入 IFAC 理论、元件两个技术委员会。

此后,由于"文化大革命",中国中断了参与 IFAC 的活动。直到 1978 年,IFAC 在芬兰的赫尔辛基举行第七届世界大会,中国自动化学会派出由杨嘉墀、宋健等组成的代表团参会。陈翰馥的论文 *On stochastic observability and controllability* 是大陆学者在大会中宣读的唯一论文。论文得到与会者的好评,会后被推荐到 IFAC 的旗舰杂志 *Automatica* 上,于 1980 年发表。这项工作及其他相关工作使他获得 1981 年中国科学院重大成果二等奖。

天津大学的刘豹教授是中国自动控制学科的开拓者之一。他早年留学美国,于 1949 年获科罗拉多大学硕士学位后,适逢新中国成立,为报效祖国,他毅然于 1950 年 2 月回国,成为国内自动控制与系统科学的学科带头人。他于 1984 年起担任系统工程学会理事,1987 年担任学会副主席。在他的带领和陈翰馥等许多人的共同努力下,中国控制界争取到了承办 IFAC 旗下的一个重要的系统辨识与参数估计国际会议的机会。刘豹和 P. Eykhoff 分别担任大会的程序委员会和国际程序委员会 (IPC) 主席,但刘豹先生对系统辨识并不熟悉,而 P. Eykhoff 也只是挂名的。刘豹先生信任并依重比他年轻许多的陈翰馥的专业知识和工作能力,故请陈翰馥担任大会 IPC 副主席,全权负责会议的具体安排。会议秘书处设在控制室,陈翰馥实际操作具体会务并担任会议论文集主编。有来自世界各地的 300 余位学者参加了此次会议。

1988 年成功举办的 IFAC 系统辨识与参数估计国际会议,为世界控制界了解中国打开了大门,也给当时参加会议的 IFAC 理事会成员留下了良好而又深刻的印象，这对后来我国竞争主办 1999 年 IFAC 第十四届世界大会的成功起了重要作用。陈翰馥是 1988 年那届 IFAC 系统辨识与参数估计国际会议的主要组织者和领导者，为会议的成功做出了重要贡献。随后，中国控制界的学者们开始争取主办 IFAC 世界大会。

1988 年在北京举办的 IFAC 系统辨识与参数估计国际会议上陈翰馥 (右三)
和 Sunahara 教授 (右二) 等日本友人合影

IFAC 世界大会是国际控制界两个最重要的国际会议之一，每三年召开一次 [另一个是 IEEE 控制与决策会议 (CDC)，它是一年一次的年会]。IFAC 世界大会的申办程序十分复杂：先由各成员国提交申请，然后各申办国要在会期三年前的 IFAC 理事会 (Council) 上做介绍并回答理事们的质疑，最后由理事们投票表决。IFAC 理事会由成员国代表组成，每个成员国只能有一名理事。投票的程序也很特别，每次投票，将得票最少的申办国淘汰。因此，要经过多轮投票才能确定最后的申办国。

在 1987 年第十届 IFAC 世界大会前夕，当时的中国 IFAC 理事宋健正式向 IFAC 理事会提出申办 1999 年 IFAC 世界大会的申请。此后，在宋健、杨嘉墀、吕勇哉、胡启恒等中国学者多年的努力下，终于在 1996 年的 IFAC 理事会上击败对手，争取到 1999 年在北京举办第十四届 IFAC 世界大会的机会。于是，紧张的筹备工作就从 1996 年开始了。中国自动化学会是 IFAC 成员组织，而陈翰馥当时是中国自动化学会理事长，于是，他义不容辞地成了会议的担纲领导者。学会邀请当时的中国科学院院长路甬祥任国家组织委员会主席，陈翰馥担任程序委员会主席，会议程序委员会秘书处设在控制室。

1999 年担任第十四届 IFAC 世界大会程序委员会主席

当时，召开这么大型的国际学术会议在中国还是十分罕见的，工作量之大难以想象。仅以投稿为例，当时没有现在这样的电子投稿系统，所有的稿件都靠邮寄。系统所腾出一个大房间，购置了十几个几乎顶到天花板的大书架，准备了两三千个大夹子，将几千篇投稿分门别类、登记造册。然后，再将每篇论文分别寄给 3 位审稿人，被拒审的文章还要重新确定审稿人，重新寄出；被接受的文章还要作者准备最终稿。最后，还要到印刷厂造版印刷。这次大会，仅会议论文集就有厚厚的大开本十二本。

会议在北京国际会议中心的五洲大酒店召开，这是当时北京唯一能承接这样大型会议的场所。这是一次十分成功的会议，会议注册人数达 1466人，他们来自 59 个国家和地区。郭雷做了题为"自动控制在中国若干近期发展"的大会报告，向国际同行宣传了中国学者的研究工作，得到与会者的好评。会议期间，有大量邮件 (e-mail) 要处理，陈翰馥每天下午到秘书处处理相关事宜，他决策果断，回复迅速，表现出很强的行政能力与良好的英语水平，让周围的同志由衷佩服。会议的宴会在人民大会堂举办，接送代表的几十辆大巴组成一个宏伟的车队，从五洲大酒店出发，一路上由警车开道，实行交通管制，车队一路绿灯直达人民大会堂……

多少年后，遇到许多海外同行，他们还会不无感慨地提到：1999 年他们首次来到中国，对 1999 年北京的 IFAC 大会印象深刻。

1999 年参加第十四届 IFAC 世界大会

左起：谈自忠、吕勇哉、路甬祥、陈翰馥

中国控制会议 (Chinese Control Conference，简称 CCC) 是国内规模最大、历史最悠久的自动控制领域的年会。关肇直很早就有将从事自动控制的高校及科研单位组织起来进行学术交流的想法。控制室成立不久，关肇直就邀请了北京大学、山东大学、南开大学、中山大学等高校控制与相关领域的教师，在颐和园召开了一次关于控制理论的研讨会，俗称龙王庙会议。在这个会议上，钱学森提出"要下水"，即深入钻研现代控制理论及其应用。当时就有组织全国性类似会议的动议。或许可以说，龙王庙会议是中国控制会议的雏形。

此后，由于"文化大革命"，这种学术研讨会就中止了。直到"文化大革命"后，在关肇直等的努力下，开展现代控制理论研究的高校和应用该理论的科研单位遍布全国。关肇直再次萌生组织全国性大会的念头。当时，厦门大学的贺建勋教授正在研究最优控制，而与关肇直交情甚深的厦门大学李文清教授也对控制论甚感兴趣，关肇直的想法得到他们的大力支持，于是，在他们的建议下，第一届全国控制理论及其应用学术会议于1979 年在厦门召开。当时控制室由关肇直带队，陈翰馥、秦化淑、冯德兴、王恩平等都参加了会议。参加会议的还有各高校来的张仲俊、张学铭、李训经、黄琳、孙优贤等，这些人后来都是中国控制界的大牛。陈翰馥还记得，当年，他和孙优贤住一个房间。这次会议有 125 人参加，邀请了 8 个大会报告人，还有 60 篇分组报告。会后印发了论文集，是靠刻蜡纸油印的。全国控制理论及其应用学术会议由中国自动化学会控制理论专业委员会 (TCCT) 负责组织。自 1979 年始每年都召开。直到 1994 年，经专业委员会讨论并报请中国自动化学会批准，将全国控制理论及其应用学术会议改名为中国控制会议。陈翰馥是中国控制会议的积极参加者，从第一届直到 2019 年的第三十八届，只要在国内，他就每会必到。特别是关肇直去世后，他逐渐成为中国控制界的领军人物之一，担起了领导中国控制会议的重任。

1989 年在西安参加全国控制理论及其应用学术年会

前排左起：张纪峰、唐乾玉、高爱军；后排左起：郭雷、陈翰馥、王炎生

2005 年，为申请中国控制会议论文集进入 IEEE 会议出版程序 (IEEE Conference Publication Program)，中国自动化学会控制理论专业委员会依照其要求，设立中国控制会议大会总主席。由于陈翰馥的学术影响和他对中国控制会议的贡献，大家一致推举他为中国控制会议大会总主席。从此，陈翰馥担任历年中国控制会议的大会总主席，直到 2010 年。此后，根据他的提议，大会总主席由郭雷接任。

陈翰馥在担任大会主席期间，对中国控制会议的发展呕心沥血，做了大量的规划和指导工作，在郭雷、程代展、张纪峰等多位研究所与专业委员会负责人的共同努力下，中国控制会议从一二百人的小会发展成千人大会。这期间，还在上海举办了一次 IEEE 控制与决策会议和中国控制会议 (CDC-CCC) 联合的世界大会。此会由郭雷和 J. Baillieul 担任大会总主席，程代展和 F. Jabbari 担任程序委员会主席。会议开得很成功，成为 1999 年 IFAC 世界大会之后又一个在中国举办的最重要的国际控制会议。

2007 年参加中国控制会议专题研讨会

左起：陈本美、陈翰馥、段广仁

2007 年出席中国控制会议晚宴

左起：吴宏鑫、郭雷、T. Djaferis 及夫人、A. Teel、B. Anderson、

程代展、陈翰馥、吴家睿、W. H. Kwon

2008 年在中国控制会议听报告

前排左起：贾英民、林宗利、陈翰馥

2009 年参加 CDC-CCC 期间与郭雷 (右一)、P. R. Kumar(右二)、

谢亮亮(右四) 合影

2009 年参加 CDC-CCC 合影

前排右起：郭雷、陈翰馥、冯刚、谢立华；后排右起：张纪峰、陈本美、程代展、汪小帆、胥布工、

李少远、丁正桃

2018 年参加中国控制会议期间中国自动化学会控制理论专业委员会全体会议合影

从 1979 年到现在，中国控制会议有了巨大发展。它的国际化程度越来越高，成为名副其实的重要国际会议。同时，其规模也越来越大，2017 年，投稿数超过 3000 篇，参会人数，包括现场注册及志愿者等，达到 2500 多人，成为继 IFAC 世界大会之后第二大的世界控制会议。对于中国控制会议的发展壮大，陈翰馥倾注了大量心血。对于中国控制会议今日的辉煌，陈翰馥居功至伟。

陈翰馥无疑是当今中国控制领域的主要领军人物之一。

四、 从牛刀初试到宏图大展

陈翰馥的大半生见证了中国控制理论的发展壮大，他的成长史也是整个中国控制理论发展的一个缩影。他刚从苏联回来不久，就被调到了新成立的控制室，成为控制室最早的一批成员。控制室初创时，他和其他几位年轻人一样，对现代控制理论一无所知。当时的控制室按学科方向分为三个组，陈翰馥被指定为随机控制系统组的负责人。

作为随机控制系统组的负责人，为了尽快进入随机控制这个新领域，陈翰馥下了许多功夫刻苦钻研。除了自学，他还利用一切机会提高自己的专业知识，并带动全组边学习边开展相关研究。陈翰馥于 1966 年与安万福合作，在《自动化学报》上发表了他的处女作《多项式迭加平稳过程信号的预报过滤问题》，标志着他从一个外行到真正开始了控制领域的研究工作。遗憾的是，1964 年"四清"运动，接着是"文化大革命"及"五七干校"，科研工作被干扰。特别是"文化大革命"爆发的头五年，科研工作完全中断了。

1971 年林彪"九一三"事件之后，国内的政治气氛有所改变，经周恩来批示，中国科学院的科研工作得到部分恢复。陈翰馥和陈景润等许多科研人员一样，迫不及待地回到了书桌前，重新安心下来开展研究工作。

凭着其超凡的外语和过硬的数学功力，关肇直迅速地进入一个新的领域。在"文化大革命"期间，别人还在搞"革命"时，他就已经悄悄地读了很多正蓬勃发展的控制理论方面的论文，努力跟踪着国际前沿的动向。1971 年以后，他就系统地将这些知识传授给室内年轻的研究人员，使大家受益匪浅。

为了推广和普及现代控制理论的知识,关肇直主编一套在科学出版社出版的"现代控制系统理论"小丛书,陈翰馥是他的主要支持者和助手。它的第一册是关肇直和陈翰馥执笔的《线性控制系统的能控性和能观测性》,该书在"文化大革命"时期于 1975 年出版。随后,陈翰馥又单独写了一本《离散时间系统的递推估计与随机控制》,该书于 1980 年出版。当时,现代控制理论正如火如荼地进行,全国大多数高校都设立了自动化系,从而进行该方向的教学与研究。然而,这方面的中文参考书极少。因此,这套小丛书解了大家当时的燃眉之急。

"文化大革命"刚过,陈翰馥在《中国科学》上发表的那篇论文标志着他学术生涯中黄金时代的来临。1978 年 3 月,全国科学大会召开,邓小平提出"科学技术是第一生产力"的重要论述,打破了"文化大革命"以来长期禁锢知识分子的桎梏,迎来了科学的春天。从此,陈翰馥也和全国知识分子一样,可以甩开膀子做科研了。

从"文化大革命"结束至今,陈翰馥主要从事递推辨识、随机逼近及自适应控制的理论研究。这一时期他完成了迄今为止最重要的一些研究工作,使他逐步赢得了国际名声,成为我国控制领域少数几位在国际学术界产生相当影响的学者之一。

1979 年陈翰馥被破格提升为数学所副研究员,1979 年 10 月转入新成立的系统科学研究所,1983 年被评为博士研究生导师,1986 年晋升为研究员,1987—1991 年任中国科学院系统科学研究所副所长,1991—1994 年任所学术委员会副主任、主任,1994 年任中国科学院系统控制开放实验室首任主任,1995—1998 年任中国科学院系统科学研究所 (1998 年并入中国科学院数学与系统科学研究院) 所长,2003—2012 年任中国科学院数学与系统科学研究院学术委员会副主任;1999 年,他获中国科学院自然科学奖一等奖,1987 年及 1997 年两次获国家自然科学奖三等奖;2014 年被评为"科学中国人年度人物";1993 年当选为中国科学院院士。

陈翰馥是中国控制界的一位举旗人,他于 1993—2002 年担任中国自动化学会理事长,1993—1999 年担任中国数学会常务理事,2005—2010 年担任历届中国控制会议的大会主席。他还曾任《系统科学与数学》和《控制理论与应用》主编，国内期刊《中国科学》《科学通报》《数学学报》《应用数学学报》《数学物理学报》，以及多种国内学术刊物的主编、副主编、编委等。

1993 年当选中国科学院院士

1999 年出席香港理工大学杰出中国访问学人计划颁奖仪式

前排：陈竺 (左一)、杨叔子 (左二)、潘宗光 (中)、张光斗 (右三)、叶叔华 (右二)、陈翰馥 (右一)

2006 年在巴西接受第三世界科学院 (TWAS) 院士证书

2010 年于香港中文大学与中国科学院信息科学部部分院士交流

李未 (左三)、张钹 (左四)、郭光灿 (左五)、郭雷 (左六)、陈翰馥 (左七)、褚君浩 (右一)

2010 年和中国科学院信息科学部部分院士于香港中文大学交流，与香港中文大学
领导及部分教授合影

2010 年和中国科学院信息科学部部分院士于香港中文大学交流，在交流会上发言

第五章　诲人不倦的引路人

一、　素性爽侠，胸有丘壑

和陈翰馥相处久了的人，不管是同事朋友，还是晚辈学生，都有一个感觉，就是陈翰馥办法多，并且行事果断，遇事敢拿主意。

陈翰馥与程代展

"文化大革命"中，控制室经国家分配，进了六位"文化大革命"中毕业的工农兵学员。他们虽然因为历史的原因基础较差，但都工作努力、勤勤恳恳，同比他们年长的科研人员关系都不错。1981年程代展与曾小明到华盛顿大学留学，成绩很好。于是，谈自忠教授向陈翰馥提出，1982年愿意再招一个控制室的研究生。

当时秦化淑是控制室主任，陈翰馥是控制室副主任。室里还有一个专职的支部书记李廷忠，是一位复员军人。陈翰馥当时在外出差，就把谈教授的建议报告了秦化淑。秦化淑经与李廷忠商量，决定派一名工农兵学员出身的W同学出去留学。W同学原是北京大学毕业的，在六人中被认为是业务最好的。从当时的历史条件看，李廷忠和秦化淑的这个决定是无可非议的。

陈翰馥回所以后，大为不满，和秦化淑吵了一架。秦化淑回忆说，这是她和陈翰馥唯一的一次吵架。当时她认为，控制室主任和支部书记都同意的决定，合理合法。她还说，当时陈翰馥还拍了桌子，质问为什么不征求他的意见。她当时觉得陈翰馥有点霸道。陈翰馥其实完全是出于公心，他很看重业务，觉得W的基础不够，怕学不下来。这不但影响他个人，还会影响控制室与华盛顿大学今后的合作。

后来的事实果真证明了陈翰馥的看法是对的。W到华盛顿大学后，果然由于基础差，无法完成博士学位的学习。他后来回所工作，由于业务压力等原因，得了一场重病，以后一直未能正常工作。

其实，秦化淑和陈翰馥的关系一直很好，秦化淑是陈翰馥和其夫人王淑君的媒人。秦化淑还说过这样一件事："文化大革命"后的1979年，当时中国市场各种轻工产品紧俏，都要凭票供应。一次，室里分到一台缝纫机票，全室抽签，结果秦化淑抽上了。但她当时还不会踩缝纫机，就把票给了王淑君。这件事在室里掀起轩然大波，一些人指责秦化淑，说："你明明不需要，为什么还要抽？"怪她偏向陈翰馥。陈翰馥当时年轻气盛，耿直敢言，实话实说，只认一个"理"字，并不考虑"关系"及"后果"之类的东西。

1983年，秦化淑出国，控制室由陈翰馥负责。等秦化淑回来，发现控制室余下的五位工农兵学员，都被"发配"走了。他们有的去了编辑部门，有的去了后勤部门，还有的当了学术秘书。她问李廷忠，才知道都是陈翰馥的主意。这时，国内形势已有了很大变化，支部书记逐渐退出了领导地位。李廷忠虽有意见，也不愿意多插手。秦化淑虽然对此不甚同意，但木已成舟，她也就静观其变了。

后来的事实再次证明陈翰馥的预见性。这几位同志在新的岗位上都干得很出色。到编辑部门的同志，后来还当上了党委委员。试想，如果让他们继续留在科研第一线，该有多大的压力。特别是以后的学术改制，等待他们的很可能是被淘汰的命运。实事求是、知人善任，是陈翰馥的过人之处。

后来，陈翰馥当了副所长。所里有一位老先生，在"文化大革命"前和"文化大革命"中受到不公平待遇。"文化大革命"后他在黄淮海治理方面做出了一定成绩，业务能力不错，但他不能正确对待历史问题，处事霸道、耍横。所里有的领导怕他，但陈翰馥坚持原则，摆事实讲道理，该怎么办就怎么办，寸步不让。几年以后，这位老先生自知理亏，不得不道了歉。

年轻的时候，陈翰馥也多少有一点恃才傲世的劲头。室里的人都有点怕他。"文化大革命"刚过的那些年，中国学者要向 IFAC 世界大会投稿，都必须由国内组织人先审，预审通过后才能投。1985 年前后，为审查向第十届世界大会投的文章，中国自动化学会组织人在友谊宾馆预审，陈翰馥是预审专家。那天，他到了友谊宾馆，说明身份后，门卫依然没让他进去。他一怒之下，掉头就走。直到后来组织者来电话再三邀请，他才重返友谊宾馆。

后来，随着年龄的增长、阅历的丰富、眼界的开阔，陈翰馥逐渐摆脱了年轻气盛的架势。他虽然依旧保持着自己的原则和底线，但在待人接物中变得越来越谦虚谨慎、与人为善，成了一个人见人敬、人见人爱的长者。陈翰馥为人正直，他讨厌世俗的人际关系，凡事讲求实事求是。他爱才惜才，只要是他认定有才的年轻人，即使有这样那样的缺点，甚至对他有所冒犯，他也会努力去帮助、去提携；对于那些不学无术、靠拉关系走后门往上爬的人，纵使百般讨好，他也会嗤之以鼻，他是一位真正的伯乐。

二、 耕耘不辍，硕果丰盈

陈翰馥自从事学术研究以来，研究成果丰硕。迄今为止在国内外核心学术刊物上发表论文 220 余篇，完成专著 8 本，其中 4 本在美国及荷兰出版 (John Wiley、Birkhäuser、Kluwer、CRC Press 各出版一本)，其余 4 本在国内出版。

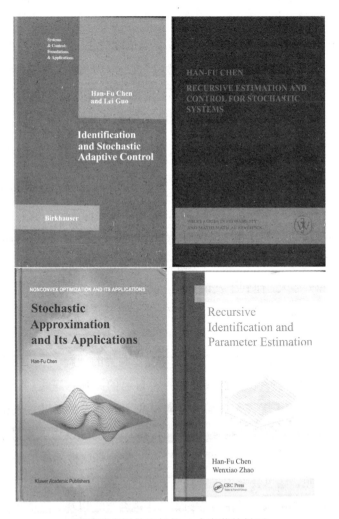

陈翰馥在国外出版的 4 本专著的封面

陈翰馥在 20 世纪 80 年代主持了"现代数学中若干基本问题的研究：

辨识与控制"子课题的研究，90 年代主持了攀登计划预选项目"复杂系统控制的基础理论研究"，并且还负责了多项国家自然科学基金和中国科学院基金项目。2013 年在国际华人数学家大会上，陈翰馥作为特邀专家，做了一个小时的学术报告，2015 年他应邀在 IFAC 系统辨识与参数估计国际会议上做了一个小时的学术报告。

2015 年在第十七届 IFAC 系统辨识与参数估计国际会议 (北京) 上做大会报告

陈翰馥自转入控制理论的研究以来，一直从事随机系统相关的控制理论问题的研究。在 20 世纪 60 年代，随着现代控制理论的兴起，他开始有针对性地研究随机信号的滤波、内插与预报问题。之后由于"文化大革命"，研究工作中断 5 年之久。

1971 年恢复研究工作后，他重新开始了随机系统的研究工作。此时我国在现代控制理论方面已经与国际前沿有了很大的差距。在那个信息不发达的年月，他努力学习最新的理论成果，并利用自己优秀的数学功底，主要对随机系统的能观性、能控性、缺初值的状态估计等关键难题予以研究。通过系统地分析线性随机系统能观性和不用初值条件的各种状态估计的联系, 他给出了随机能观性和能控性的新定义, 弥补了国外学者在相关工作中关于这两个概念在确定性和随机性情形下不能够统一的缺陷, 当系统随机能观时, 他还给出了不用初始条件的状态估计的递推公式。相关论文是"文化大革命"结束后代表我国参加 1978 年在赫尔辛基举行的 IFAC 第七届世界大会的唯一论文。

在这期间, 陈翰馥的另一项代表工作是奇异随机系统控制问题研究, 奇异随机系统控制指控制加权阵以及量测噪声协方差阵可能退化时的控制问题, 通过对奇异随机系统的研究可以建立确定性系统与随机系统的统一理论框架, 这也是学术界长期追求的目标。他给出了使指标趋于最优的随机控制序列, 从而解决了这一曾在 20 世纪六七十年代长期没有解决的问题。

从 20 世纪 80 年代开始, 陈翰馥开始从事自适应控制的理论研究。自适应控制是要在实际系统中存在内部不确定性的情况下, 通过系统的输入、输出数据来消除系统模型中的未知部分, 同时设计控制器。其中一项著名的工作就是由瑞典学者 K. J. Åström 提出的最小二乘自校正调节器, 其基本想法是当系统的参数未知时, 将控制器中的未知参数用在线最小二乘估计值代替, 并以此为基础构造控制器。但此时问题来了, 在这个自适应控制方法中, 最小二乘估计 —— 由著名数学家 Gauss 给出的经典估计方法的收敛性面临挑战, 常用的"持续激励"条件无法得到满足。这一挑战引起了许多控制学家、统计学家和数学家的兴趣, 大家竞相尝试改进最小二乘估计的收敛性条件。陈翰馥于 1982 年发表在《中国科学》上的论文《最小二乘辨识的强一致性及收敛速度》较早证明了常用的"持续激励"条件不满足且噪声方差可能无界增长时最小二乘估计的强一致性。加拿大的凯恩斯 (P. Caines) 教授在他的专著 *Linear Stochastic Systems* (John Wiley, 1988 年) 中把这个条件称为"陈氏条件", 并用相当大的篇幅引用该结果。随后, 陈翰馥与郭雷合作, 将华人统计学家黎子良 (T. L. Lai) 和魏庆荣 (C. Z. Wei) 关于最小二乘算法收敛性的著名工作推广到多输入多输出系统及相关噪声情形, 给出了估计误差的收敛 (或发散) 速度, 并用"衰减激励"方法, 给出同时使系统的参数估计值收敛到真值, 并保证最优性的随机自适应控制。"衰减激励"方法在国外正式学术出版物上被公开评价为"强有力的方法"。

在研究针对随机线性系统的递推最小二乘算法的同时，陈翰馥也开始了针对非线性问题的递推随机梯度算法，也即随机逼近的研究。随机逼近是利用对未知函数带误差的量测值去估计函数零点的递推算法，这个方法从 20 世纪 40 年代后期提出来后，广泛地用于参数估计、优化等领域。长期以来，关于保证算法收敛所要求的条件研究一直在概率框架下进行，并发展成了著名的"鞅方法"。随着应用领域的扩展，原有的概率框架不再适用，于是在 70 年代后期，瑞典著名学者 L. Ljung 提出了新的常微分方程 (ODE) 方法，从而极大地扩展了随机逼近的适用范围，也再一次引起了全世界对于这个经典方法的研究热潮。但是这个方法一直存在一个致命的缺陷，就是算法的稳定性是需要预先假定的，但这在很多问题中并不容易保证。实际上为了让算法是自然稳定的，问题所处理的未知函数的增长速度就不能快于线性，而且量测误差也有较好的统计特性等，这又再次使得算法的应用范围受到很大限制。于是，早在 80 年代，陈翰馥就和朱允民提出了"变界截尾"的方法，巧妙地在随机逼近中引入一种自动机制，天然保证了算法的稳定性，从而不再需要对未知函数和噪声加以限制，极大地扩展了算法的应用范围。这种算法后来称为"扩展截尾的随机逼近算法"。随后，陈翰馥进一步发展出一套关于新的随机逼近的分析方法，把量测误差的条件由全序列验证改为只需在估计值收敛的子序列上验证，使得对噪声的要求降到最低，大大拓展了随机逼近的应用范围。目前，扩展截尾的随机逼近算法已成功地应用于系统辨识、自适应控制、自适应滤波、大范围优化、主成分分析等领域。

随着对随机逼近理解的深入，进入 21 世纪以来，陈翰馥提出了"可以将众多实际的在线估计、优化问题转化为一个未知函数求根的问题，并用随机逼近予以解决"的基本研究方法。为了验证这套方法的有效性，他把研究重点放在了非线性系统辨识这一非常有挑战性的领域。其中比较典型的是 Hammerstein 及 Wiener 系统等非线性随机系统及变量带误差系统的辨识。Hammerstein 及 Wiener 系统是指线性系统串联一个静态非线性环节所构成的系统，在工程系统、生物系统等领域中是一种重要的非线性模型，辨识这类系统不仅要估计线性子系统的系数，同时也要估计未知的非线性环节。以往针对这类系统常用的办法是对固定样本数据集用优化方法求估计，但是方法很难在理论上保证在数据量趋于无穷的时候估计能够收敛到真实参数，也就是估计的强一致性。而且这些方法，在得到新的数据时，新的估计值不能通过修正已有估计值的办法递推地获得，所以当数据值能在线不断获得时，已有的方法并不适用。类似问题也存在于已有的对变量带误差系统的辨识，变量带误差系统指系统的输出输入的量测值都有误差。陈翰馥基于他所提出的研究方法，对 Hammerstein 及 Wiener 系统及线性变量带误差系统都给出了相应的递推辨识算法，并证明了算法给出估计的强一致性，对 Hammerstein 及 Wiener 系统，不仅可以在线辨识参数，而且在自适应控制方面，也可以通过问题的巧妙转化给出自适应控制使调节误差渐近地趋于极小值。

三、 诲人不倦，师长风范

陈翰馥不仅是一位杰出的学者，更是一位优秀的导师。对学生，他循循善诱，诲人不倦；对周围的同行晚辈，他总是关心爱护，尽力提携帮助。他知人善任，珍惜人才，特别注意发现和扶持年轻人才，创造条件鼓励和促进他们成长。他曾被中国科学院评为"优秀研究生导师"。对于这个称号，他比任何人都更当之无愧。

他的学生郭雷，于 2001 年入选中国科学院院士，是入选时国内最年轻的院士之一。而且郭雷在 1993 年获得 IFAC 颁发的青年作者奖，并当选为"中国十大杰出青年"。陈翰馥和郭雷是当年国内控制界仅有的两名 IEEE 会士。郭雷的成长，承载着他的多少心血；郭雷的成功里，有着他不可磨灭的功劳。他指导的学生中，有两人荣获中国科学院青年科学家一等奖，两人获国家杰出青年科学基金。他的许多其他学生也在各自的岗位上做出了出色的成绩。例如，他的一位学生，现在是 502 所卫星控制的副总指挥。受他指导或影响、同他有过合作的晚辈学者就更多了。中国的随机控制在国际控制领域占有相当傲人的一席，曾被同行称为"陈学派"，他是这支队伍的带头人。

他的几位学生都提到，他是一位好导师，不仅善于提出有意义且难度适中的问题，而且给学生的题目也是他心中思考的问题。因此，他和学生的每一次交流，都是有的放矢，他点拨的常常正是学生困惑的。因此，他总能引导学生往正确的方向努力，少走弯路。年轻的同事还发现，由于他思维缜密、学术敏感性强，所以常常会发现一些别人忽略的学术要点，或是可能的拓展领域，而这些，往往是很好的理论研究方向。

对于周围的同事、晚辈，他有一种师表风范。他长期担任系统所的领导工作。由于他见识广、主意多，所里的许多同志有事最喜欢找他商量，请教他。他不管多忙，都会停下手头的工作，认真听同事的讲述，然后帮同事分析问题、出主意。他的诚恳、他的师长情怀和胸襟，使周围的同人乐于和他交心。哪怕是一些难以启齿的私事，同事也肯同他商量。

1990 年在中关村 935 楼家中请学生吃饭

1996 年春节在中关村家中聚会

前排左起：罗贵明一家、常金玲及其儿子；后排左起：张纪峰一家、王淑君、陈翰馥、郭雷一家

2000 年访问美国韦恩州立大学

左起：陈翰馥、张秉钰

2004 年春节于北京家中

左起：张纪峰一家、郭雷、陈翰馥及孙女陈濡佳、王淑君、谢亮亮、黄民懿

2006 年在北京青龙湖公园

左起：张纪峰、曹显兵、陈翰馥、方海涛

2009 年在红螺寺

左起：张纪峰、陈翰馥、郭雷

2017 年在新科祥园家中招待同事

2017 年在华府尚园家中招待同事

陈翰馥关心周围的同事和学生。一次，一位年轻的同志初次出国，既不会煮米饭也不会用冰箱。陈翰馥正好也在当地，就从买菜到做饭，一件件事都手把手地教他。一位同志长期出国，回国前陈翰馥让几位学生帮忙打扫房间。陈翰馥看到屋里没有床，就将自己家的席梦思床垫搬过去送给了他，还给他准备了矿泉水、饼干、点心、罐头等。在周围许多同志的心目中，他不仅是一位好领导、好带头人，也是一位良师益友。

四、 青出于蓝，冰成于水

古人云：青出于蓝，而胜于蓝；冰，水为之，而寒于水。陈翰馥培养了许多优秀的学生，例如，IEEE 会士、IFAC 会士、国家杰出青年基金获得者张纪峰，原航天五院 502 所卫星控制副总指挥、我国某型号卫星的总设计师李勇，美国辛辛那提大学终身教授张秉钰，等等。他们站在大师的肩膀上，攀得更高、看得更远。在陈翰馥诸多弟子中，最为出色的自然要数郭雷。

郭雷无疑是年青一代的杰出代表和领军人物。39 岁就当选为中国科学院院士的他，在系统与控制科学研究领域不断攻坚克难、开疆拓土，留下了一座座闪光的里程碑。1982 年，郭雷以全班第一的成绩从山东大学数学系毕业后，便考入中国科学院系统科学研究所师从陈翰馥读研究生，从此就与这片创新的沃土结下了不解之缘。在这里，他度过了硕博研究生时光，30 岁时被中国科学院特批为研究员，先后担任过中国科学院系统控制重点实验室主任、系统科学研究所所长、数学与系统科学研究院院长。2010 年，在中国科学院的支持下，他领导筹建了国家数学与交叉科学中心，并担纲首届中心主任。

郭雷的贡献不仅局限于其杰出的学术成就，更是为推动和引领我国系统控制科学和数学交叉应用的大力发展乃至比肩国际一流水平，做出了卓越贡献。在自动控制历史上，由最小方差控制与最小二乘估计相结合而产生的著名的"自校正调节器"，不但从根本上推动了自适应控制学科的发展，并且广泛深刻地影响了工业应用。但是，由于"自校正调节器"涉及相当复杂的非线性随机动力学方程组，在数学上严格建立其理论基础曾是这一领域"长期未解决的中心问题"。国际控制界众多一流科学家都曾研究过相关问题并做出过重要贡献，其中包括瑞典的 K. J. Åström 院士和 L. Ljung 院士、澳大利亚的 G. C. Goodwin 院士和 J. B. Moore 院士、加拿大的 P. Caines 院士、美国的 P. R. Kumar 院士，以及著名华人统计学家黎子良和魏庆荣教授等，使该问题成为这一领域国际公认的著名难题。1990年初，28 岁的郭雷在充分汲取前人智慧的基础上，独辟蹊径，创造了新的非线性随机系统分析方法，从而突破性地、合理完整地解决了自校正调节器的全局稳定性和最优性这一著名难题。

1988 年陈翰馥和郭雷合影

在这之后，郭雷又通过建立自校正调节器的对数律，进一步证明了自校正调节器具有最优收敛速度，并因此获得 1993 年在悉尼举行的 IFAC 世界大会唯一的青年作者奖。评奖委员会评价他的工作"解决了最小二乘自校正调节器的收敛性和收敛速度这个控制理论中长期悬而未决的问题"。随后，美国和欧洲等地的科学家在各自的论文中纷纷给出一系列公开发表的评价，赞扬这项工作是这一领域的"重大突破""辉煌成功"和"最重要结果"。

1993 年在悉尼举办的第十二届 IFAC 世界大会上郭雷获青年作者奖后
陈翰馥前来祝贺

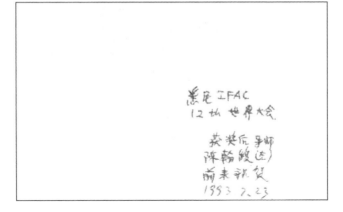

郭雷在上一张照片背面的题字

对于复杂系统基本问题的研究,包括多自主体复杂系统从微观到宏观的涌现与调控理论,他通过引进随机框架,指导唐共国等年轻人对一类最基本的、具有局部相互作用的非线性非平衡多自主体系统展开研究,通过深入分析随机几何图的谱隙性质以及随机非线性动态性质,突破性地克服了"连通性假设"这个公认的难题,首次完整建立了高密度情形下这类典型群体系统的同步理论,并为相关非平衡大群体系统的研究开启了新思路。特别地,他后来与陈鸽、刘志新于 2012 年在美国《SIAM 控制与优化》

上发表的论文《群体同步的最小相互作用半径》，被美国工业与应用数学会 (SIAM) 的旗舰刊物 *SIAM Review* 评选为 "SIGEST 论文"，被推荐在 2014 年的 *SIAM Review* 上再次刊登，并在 2015 年 SIAM 的颁奖会上受到表彰。据悉，这是大陆学者首次获此殊荣。

陈翰馥给郭雷的院士推荐表 (1)

3. 近n年来郭雷致力研究外测性问题，4331是研究利用反馈机制对付各种不确定因素的能力和权限。他将对一个反馈控制的能对付的临界值，这个结果本身以常美的路子，使人惊喜！

郭雷学术作风严谨，发去的文章必是反复修改无数次。工作十分扎实，经得起推敲，绝无有些年轻人急于求成的浮躁。

郭雷是创造批报3的年轻学者，特别了爱的是他专心钻研，献身科学，致力于级以出学术水平的工作。我认为在科学院院七中，极需补充像郭雷这样的年轻科学家。

推荐院士签名：

2001年 2月 16日

— 2 —

陈翰馥给郭雷的院士推荐表 (2)

2001 年，郭雷当选为中国科学院院士，成为当时中国最年轻的院士之一；2002 年，他作为"领头的控制理论专家"当选为第三世界科学院院士；2007 年，他因在随机系统的自适应控制、估计理论和反馈机制最大能力等方面所做出的"根本性贡献"而当选 IFAC 会士；2007 年，他当选为瑞典皇家工程科学院外籍院士；2012 年被选为 IEEE 控制系统学会杰出演讲人；2014 年被瑞典皇家理工学院授予荣誉博士学位。在国际上，郭雷曾任 IFAC 理事会成员、IFAC 建模辨识与信号处理委员会主席、控制科学领域国际最高奖之一 ——"IEEE 控制系统奖"评委、IFAC 青年作者奖评委会主席、国际著名控制刊物 *IEEE-TAC* 和 *Automatica* 的"最佳论文奖"评委、第四十八届国际 IEEE CDC 共同主席、第八届国际工业与应用数学世界大会主席等。在国内，他曾任或现任国务院学位委员会委员、数学学科评议组召集人、国家科学技术奖励委员会委员、国家重点基础研究发展计划 (973 计划) 专家顾问组成员、中国科学院学术委员会副主任、中国工业与应用数学学会理事长等学术界重要职务。

如今，继续奋战在科研一线的郭雷，随着工作面的拓展，学术视野也更加开阔。除了继续研究系统学与控制论基本理论问题之外，还积极参与和推动系统科学、应用数学、交叉科学与重大实际问题的研究，并以中国社会复杂系统问题为背景，带领年轻人开展博弈控制系统等新方向的探索。他多次强调"为解决挑战性实际问题，必须研究基础理论；为引领理论发展新方向，必须了解实际问题"。在郭雷的带领下，实验室不仅在国际前沿理论研究中不断有新突破，而且还加强了面向国家重大需求的应用研究。与此同时，肩挑重担的郭雷成为我国相关学科发展规划和战略研究的重要参与者，并就我国科学技术发展与改革的有关重要问题，积极向国家建言献策。

五、 侃侃而谈道师情

郭雷是陈翰馥最早也是最杰出的博士研究生，我们当然很想知道他眼中的导师的形象。2018 年 3 月 23 日，趁着第十三届全国人民代表大会第一次会议刚结束、郭雷回所之际，笔者 (程代展、沈源) 在他办公室采访了他。

(问) 作为你的导师，陈翰馥对你的主要影响是什么？

(答) 陈老师对我的影响很大，一句话，如果没有陈老师，我的人生轨迹肯定不是今天这样，我甚至可能不一定来中国科学院，也不见得有后来的各步发展，总之，影响是深远的。

(问) 能否讲几件导师留给你印象最深刻的事情？

(答) 有很多，我只讲几件读研究生前后的事情吧。

第一件事，我跟陈老师的初次联系发生在报考他的研究生时，大概是1982 年初。当时考研不像现在，可以在网上查一查。那时我们并不知道报考谁的研究生好，我是完全听了山东大学数学系控制论教研室老师们的推荐。据说当年教研室的老师们还开了一个会，专门研究推荐我来中国科学院，考陈老师的研究生。当时我对陈老师的情况完全不知道。学生只是修课，很信任大学老师。为什么推荐给陈老师，山东大学的老师们肯定有自己的判断。后来我的大学同班同学蔡天新写了一本传记 (蔡天新，2018)，里面还提到这件事。我想这是一件非常重要的事。如果陈老师不在中国科学院，不研究控制论，我就不会读他的研究生，就会走一条另外的人生道路了，这是肯定的。

第二件事，我是 1982 年 9 月份入学的。我入学后第一次从玉泉路研究生院到中关村陈老师办公室与他见面，陈老师匆匆忙忙正准备出国，计划去加拿大访问一年。临出国之前给我留下了一个字条，上面有他去加拿大 P. Caines 教授那边访问期间的通信地址。他除了建议我选择研究生院开的一些相关课程外，还特别建议我也要学其他课程，并写了下来："随机微分方程""时间序列分析""过程统计"。于是我在随后的两个学期中按陈老师的建议，选修了概率统计专业的相关课程，包括潘一民教授讲授的由 Y. S. Chow 和 H. Teicher 写的"概率论"，安鸿志教授讲授的"时间序列分析"，陈兆国教授讲授的"高等数理统计"，等等。有些课是我利用寒暑假自学的，如"随机过程统计"和"随机微分方程"等。这些概率统计方面的基础课，对我后来的研究工作起了重要作用。陈老师指点的课程，为我后来的研究工作奠定了很好的基础。

(问) 听说你还自学了那汤松的《实变函数论》，逐道做了其中的习题？

(答) 那是大学期间的事情了，那里面的题目不容易做。

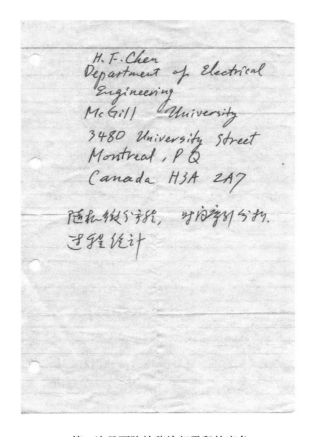

第一次见面陈翰馥给郭雷留的字条

　　第三件事，一年之后陈老师回国了。陈老师于 1982—1983 年去加拿大是和麦吉尔大学的 P. Caines 合作。1981 年 P. Caines 和澳大利亚的 G. C. Goodwin、P. Ramadge 三人在自适应控制研究中取得重要突破，他们发表在 IEEE-TAC 上的论文后来还得了奖，那时他们三人在国际上"风头正劲"。毫无疑问，P. Caines 当时的研究工作是走在国际最前沿的。1983 年秋天陈老师一回国就让我学习他和 P. Caines 在加拿大的合作论文，这使我从一开始就能够站在"前人的肩上"从事创新性研究，并取得重要进展，我感到很幸运。我一直觉得，应该感谢陈老师把我领进随机自适应控制这个领域。为什么这么说呢，有几点原因。

　　首先，随机自适应控制领域有这么几个特点：第一是要有比较现代的、比较深的概率论和随机过程方面的知识，也要掌握数理统计方面的相关前沿进展。第二是自适应系统的结构具有复杂性，因为即使对于一个简单的线性系统，一旦自适应控制加进去之后，就立即变成很复杂的非线性动力系统了，这就必须面对非线性随机系统开展研究。但是若抛开具体背景，从数学上抽象地、泛泛地研究一般非线性随机系统，则很难深入，也没有目标。而由自适应控制这种特殊机制所导致的非线性系统，在数学上相当于把数理统计、非线性动力系统和控制理论三者有机结合起来研究，这就很有意义了，当然也很有挑战性。第三是研究自适应控制，不可避免需要研究闭环系统的辨识问题。但是控制系统中的参数辨识与信号处理或数理统计中参数估计具有本质不同，或者说本质困难，因为这里所涉及的数据或信号一定是反馈信号，因此不是独立的，也不是平稳的，而是由非线性动力系统所驱动产生的。因此概率统计中的传统结论一般不能直接应用，因为理论研究所需要的关于数据或信号的任何统计假设，都必须回到产生它们的非线性随机动力系统中去考察验证，这就给理论研究带来很大困难和挑战。这也正是随机自适应控制理论的魅力。

当今我们正处在大数据、复杂性和智能化时代，大数据一般来自具有各种反馈回路的复杂系统，而智能行为的一个关键机制就是适应性反馈。因此，无论是机器学习，还是大数据分析，我们要处理的数据或信息一般都不是独立的，也不是平稳的。毋庸置疑，关于随机适应系统的分析和处理方法在当今具有重要意义。我从研究生开始就对非线性的或随机的自适应系统，信号非独立、非平稳的随机系统的分析、估计与控制问题进行研究。所以我认为进入自适应控制领域，具有持久的重要意义，这当然要感谢陈老师当年把我引进门。

接下来从学术上来讲，陈老师从我硕士的第一篇文章开始，就坚持用英文 (除了个别的中文文章) 在国际刊物上发表，瞄准国际最顶尖的学术刊物，这又是比较好的一个起点或目标。虽然当年在研究生期间并没有刻意追求去发表论文，但我在那期间发表或接受的论文并不少。我硕士毕业时系统所就把我留了下来，随后又继续读陈老师的博士研究生。博士毕业之前，陈老师就打算推荐我出国做博士后研究。1986 年他分别去澳大利亚纽卡斯大学 G. C. Goodwin 处和国立大学 B. D. O. Anderson 那里访问，这两位都是在国际上赫赫有名的控制学家，陈老师访问期间顺便作了推荐，两方都答应了，并且都给我发来了正式邀请信。这下我倒犯难了：到底去谁那里好？自己拿不准，后来还是陈老师拿了主意，建议去 Anderson 那里。我当年第一次出国做博士后这件事，确实是听从了陈老师的推荐和建议。

最后就是博士后结束之后回国。回国的时候，如果不是毕业于系统所，如果这里没有我的老师和同事，我恐怕不见得一定要回到中国科学院，回到系统所。人常常是有这种情结的，回母校，有老师、同事、同学。但回国后一开始的几年，生活、工作条件并不理想。例如，刚回国时没有现成的住房，就住在中关村某个招待所的一间小平房里，除了房门之外没有其他透气、透光的地方；做饭用煤油炉，每次做完饭后都要拿到门外散味；从国外带回的书和杂志只好放在床底下，有一次下雨，房间进水还被泡了。一个人在年轻成长时可能会遇到各种困难，陈老师那时的热情支持，无论从生活上，还是工作上，都是令我难忘的。

所以，如果没有陈老师，我的人生轨迹可能不是这样，就是这么大的影响。人生中有些影响并不涉及人生轨迹的改变，但陈老师的影响不然。

(问) 您对目前的人生轨迹是很满意、比较满意，还是……？

(答) 人生轨迹是不可逆的，这是复杂系统的一个重要特征。一个人并不是孤立地生活在世界上的，而是处于复杂的社会系统之中。因此，必然会受到许多环境和个人因素的影响，包括随机因素，人生轨迹是种种合力的结果。记得作家柳青曾经说过"人生的道路虽然漫长，但紧要处常常只有几步，特别是当人年轻的时候"，我想说的是，即使对这"紧要处"的"几步"，也往往会有随机因素的影响，也可能有不可逆性。但是，无论如何，年轻时读陈翰馥老师的研究生，无疑是我人生道路中的紧要一步。

(问) 陈老师在科研工作上有什么特点？

(答) 陈老师做研究，至少有两个显著特点。

(1) 理论性：陈老师是在家庭、学校和工作的数学环境中训练、熏陶出来的，他能从数学上把一些典型的递推算法的收敛性条件大大减弱，或通过修改原来的算法减弱 (如他提出的变界截尾随机逼近算法)，使得其适用范围大大拓广，并可用于不同的理论研究问题。这一点是很重要的，因为把理论成果应用到具体问题时的一个障碍，往往就是数学上的假设条件太强而得不到满足。

(2) 严谨性：这是数学训练的一个比较突出的特点，更是对数学理论工作的一个基本要求。对自然科学领域科学家或者工程技术领域专家不一定都这样要求，事实上，做出新的发现、提出新的方法或创新性应用，都是很重要的研究工作。但做控制理论研究的，特别希望通过数学证明来建立具有重要控制科学意义结论的人，在数学上的严谨性是不可或缺的。

(问) 我们研究室的随机团队做的研究理论性很强，证明严谨、结论可靠，这是否也和陈老师的影响有关系？

(答) 一个是陈老师的影响，一个是我们团队基本都是学数学出身的。数学从小学、中学和大学做练习题开始，哪一步过不去，老师都要打叉号。从大处来看，分工合作是当代科学、技术和经济的一个重要特征和发展趋势，科学技术研究具有不同的层次和不同的链条，不同的团队中个人的定位和工作性质不同，因此不能用同一把尺子来度量，这是科学地进行学术评价的一个要点。有些人侧重于新方法或新算法的研究，有些人侧重于好用和有效，理论上暂时不管，能解决实际问题就行，这当然也是很好的工作，甚至可能是具有重大意义和广泛影响的工作。但对在中国科学院数学与系统科学研究院从事基础理论的研究者来说，理论的严谨性是必要的，特别是数学证明中的严谨性。只有我们的理论结论有了严谨性和可靠性，别人才敢在我们的基础上往前走，从而一步步推动学科的不断发展。

(问) 陈老师对中国控制界有哪些影响？

(答) 先说陈老师对我们室里的影响，至少有两方面。

(1) 系统所的创始人和首任所长关肇直先生去世早，1982 年秋天就去世了。关先生去世以后，研究室里像关先生这样地位和影响的领军人物就没了，在之后相当长的一段时间里，陈老师就是室里的领军人物，他先后做过所长助理、副所长、所长，是控制室在系统所的代言人，对实验室的发展发挥了很重要的作用。陈老师在他们这一辈中，在国际上是比较突出的，在国内也比较有影响，是我们室里比较长时间的主心骨。他提出的一些大政方针和重要主意，对研究所和控制室发展起了很大的作用。

(2) 陈老师培养和吸引的一批人才，已经成了我们控制室的骨干。程代展就是在陈老师的动员和帮助下回国的，我和张纪峰、方海涛等也是陈老师留下的。他确实为室里的发展吸引和挽留了一批人才，从而支撑了今天的发展。

说到对全国的影响，第一点，我认为，陈老师一直在为推动中国自动控制的发展而努力。举例来讲，他一直是中国控制会议的坚定支持者。中国控制会议是挂靠在控制室的中国自动化学会控制理论委员会组织的，这是海内外控制方面的研究人员开展学术交流的非常重要的平台，是从关先生开始倡导的。关先生去世之后，陈老师先后以控制理论专业委员会主任身份、以系统所领导的身份、以院士的身份、以中国自动化学会理事长的身份等，支持这个会议，一直是一个坚强的后盾，这是非常重要的一点。通过理论委员会、中国控制会议等平台，控制室能够团结国内外广大控制领域学者，在一起交流学习，共同推动控制理论和应用在中国的发展。

第二点，在国际影响和国际交流方面，陈老师努力走向世界，积极推动国际交流。我一来系统所读研究生的时候，就参加过陈老师和美国谈自忠先生在友谊宾馆主持的一个中美控制交流会。后来，陈老师主持 1988 年 IFAC 系统辨识与参数估计国际会议，同时担任会议主席并做大会报告，会议在香山饭店召开，组织得很成功，我那年专门从澳大利亚飞回北京参加了会议。这件事为 IFAC 后来决定给中国 1999 年 IFAC 世界大会的主办权起了很正面的影响，奠定了很好的基础。陈老师是 1999 年在北京召开的 IFAC 世界大会的程序委员会主席和组织委员会主席之一。大会程序委员会的秘书处就设在我们控制室，很多控制室同事都全力投入到筹备工作中。主办这个世界大会对扩大中国的影响、促进自动控制在中国的发展、让海外科学家更多地了解中国，同时促进中国学者对外交流具有重要意义。

陈老师早年跟随关先生写了一些控制理论的小册子，对国内现代控制理论的传播起了很好的作用。陈老师也参加过一些国防科研工作，但那些在我来系统所的时候已经过去了，我不太熟悉。我上面说的这些是我目睹或者参与过的。

(问) 你觉得陈老师在个人生活、习惯、爱好等方面有什么独特之处吗？

(答) 陈老师是搞随机的，但生活上很有规律，一点儿也不随机。常使我感慨的是，陈老师已经 80 多岁了，我在乒乓球方面还打不过他，历史上也从来没胜过他。在生活上，有许多细节挺令人感动。例如，早年我们有时候一起出国，住在一个公寓里，用一个厨房，陈老师早上醒得早，我有时候还在睡懒觉，陈老师就已经把早饭做好了，挺令我感动。陈老师和夫人王淑君老师一直是中国科学院院士合唱团成员，曾经在人民大会堂登台演出过。陈老师的爱好包括听音乐、游泳、打桥牌、开车，这些我都望尘莫及。有的同事曾说，陈老师的家离单位这么近，上班时还要开车转一圈，这当然是轶闻趣事。

刚上研究生时，因为国家改革开放才几年，许多事情还在恢复或建立之中，当时的情况可能比较特殊。我当年跟着陈老师读研究生时，陈老师虽然是 (国批) 博士研究生导师，但是在本单位的职称仍是副研究员，这在当时是比较罕见的。记得当年在系统所林群也是这种情况，后来他们两人不但都晋升了正研究员，而且都当选了中国科学院院士。

在读研究生期间，我常常晚上工作到很晚才睡觉，星期六和星期天晚上也不例外，当然早上就往往起得晚。记得有一个周末，陈老师一早骑着自行车就去研究生宿舍找我了，把我从被窝里叫起来讨论问题。还有一次陈老师说，国外的教授在周末和假期往往会放下工作和家人去度假，但是他们的研究条件和学术环境都比我们好，我们要在激烈的国际学术竞争中走在前面，只有多工作少休息。

几十年前的这句话至今一直影响着我。

六、 前尘影事话入门[①]

1979 年，我在北京大学数学力学系数学进修班[②](因北京大学、清华大学"文化大革命"中毕业的三届学生向中央写信要求重回母校补学耽误的课程，获批准从 1978 年开办的两年制班) 学习一年后，1980 年 7 月就

---

① 朱允民是四川大学数学院教授、博士研究生导师、四川大学项目与平台学术带头人，本节由他本人撰写。

② 俗称"回炉班"，专为"文化大革命"中毕业的大学生补上"文化大革命"时期停课耽误的学业。

2005 年在西班牙塞维利亚举办的 IEEE CDC 会议期间陈翰馥 (右二) 与朱允民 (右一) 合影

要毕业，将面临回到洛阳拖拉机厂球墨铸铁分厂重新担任维修技术员的前景。我当然不甘心这两年克服了原单位、家庭和 13 年脱离专业的困难，辛辛苦苦学完十来门数学基础课后不能发挥作用，在焦急等待朋友、同学帮助联系调动到洛阳和重庆的两所高校的消息。一天，中国科学院成都分院数理科学研究室的副主任刘世泽教授突然来到我的宿舍，告诉我该分院廖伯康副院长向控制室主任关肇直推荐了我，问我是否愿意毕业后去该控制室工作①。我当然喜出望外，但心里也有焦虑，不知道是否能克服厂里的放人关。同时也有疑虑，我已过 35 岁，仅补完本科数学基础，凭从北京大学那里学到的扎实基础知识去高校教书，心里有底，但要从事学术研究肯定还缺许多知识和做研究工作的历练，我能不辜负他们的期望吗？当有同学祝贺我有望到中国科学院工作时，我曾回答："我也不知道这是喜还是忧，也许从此跳入苦海。"

1980 年夏，北京大学进修班结束后我回到洛阳拖拉机厂，厂里的确不同意放人。廖院长让我利用探亲假到成都与他面商办法，确定由我写信向他的老朋友、当时的农机部部长项南求助。经过半年的各种曲折，最后还

---

① 廖伯康弟弟是朱允民中学同班同学，对朱允民中学和高考成绩很了解。

是自上而下的批示起了作用，终于在 1981 年初来到中国科学院成都分院报到。

(一) 关先生为我确定研究方向

调动已经成功了，但我前面的疑虑仍在。虽然在北京大学进修后期及等待调动的半年，我已经在尽量增加知识，读了一些有关随机方面的概率统计和应用统计的原版书，但心里还是没有底，不知道仅靠每天加班加点，学习到后半夜，哪一天才能赶上先来控制室、已发表论文的同事。

关先生很快来信表示欢迎我到控制室，还说他收到廖院长的推荐后，立即向北京大学的程民德教授了解，程民德又向我的一些任课老师询问，得到"基础很好"的答复后，才请刘世泽教授与我面谈，相信我一定能适应控制室的工作。关先生还说：他主张学术民主，不想先入为主确定我的研究方向，希望听听我的意见再提出建议。我在回信中向关先生汇报了我十来年在工厂当炼钢工人、中学语文教师、机械维修技术员的简历，以及在北京大学学习期间已经做的一些知识准备，表示对应用随机知识于有实际背景的研究有兴趣。他立即给我回信，说西南地区有很多国防单位，我的兴趣研究符合在成都创建数理室的宗旨，他很支持，并建议我具体搞系统辨识，说他所里的陈翰馥同志在这方面很强，他将安排陈翰馥今后对我指导，很快就会派他到成都与我面谈。信中还推荐我读荷兰学者 Eykhoff 有关系统辨识的专著，先做一些知识准备。这些来信给了我很大的鼓励和信心，使我心中的疑虑也稍有去除，初步明确了自己的研究方向。

当时，副主任刘老师一直希望我先不要考虑任何研究问题，专心读几年大学未学过的经典数学专著，以后能协助他研究常微分方程定性理论。看来，刘老师还不知道关先生和我信件交流的情况，使我有些为难。所以在给关先生信中和后来的面谈中也提到刘老师的方向不符合我的兴趣。且很疑惑：是否学做科学研究都是要先读几年书，再思考研究问题？对此，关先生在回信中曾提出他的看法："学问学问，有学有问，如果总是只学不考虑问题，最多是收录机型的学者，不是创新型的科学家。"这些言简意赅的话使我心里一下敞亮了，成为我处理读书学习与研究问题关系的指南，后来也用来指导学生。不过，当刘老师后来见到我在关先生、陈老师的指导下成长很快,也很高兴,曾给了我很多支持和肯定。

后来才知道,关先生当时已经身患重度肝炎发展到肝硬化,病情刚有所缓解,医生允许在家静养,但规定他每天涉及工作不能超过半小时。1981年,我曾三次被刘老师派到北京中国科学院数学所联系有关协助招收首届研究生事宜。尽管我很想得到关先生的当面指教,但为了他的健康,没敢提及。但每次他都从别人那里得知一二,就要我去他家听取我的学习体会,给我解答疑问,提出建议。每次我都在会面 25 分钟前起身告辞。现在回想起关先生的这些来信以及与他的谈话,不仅使我这个科研道路上的"初出茅庐"者明确了方向,增强了信心,还使我在科研道路上终身受益。不久,关先生肝病加重,多方抢救无效辞世。回想起我和关先生一年多的交流情景,我总觉得有些内疚,他的早逝多少与他不顾病情、心系工作,将生命之火的最后热量耗费在我身上有关,而我在他指引的科研方向上的成就,远远不足以报答他对我付出的心血和期望。

(二)　陈老师指导我学术研究入门

1981 年 7 月 1 日,关先生在病中给陈先生写了一封信,其中一半的内容是悉心安排对我的指导。非常可惜的是,在 1983 年关先生辞世一周年时,系统所向我征集他给我的来信原件,我没有想到留下复印件,后来这些信在系统所几次搬迁办公室过程中不幸遗失。而幸运的是,陈老师一到成都,就给了我关先生给他这封信的复印件,我保存至今。信中说:"分院数理室有位朱允明① 同志,是北大毕业的,'文化大革命'时未读完,但以后又经过了'回炉'。从各方面了解,他基础很好,他偏重概率统计,我劝他搞系统辨识,他已把 Eykhoff 的书看了一遍。望你最近 (他七月五日走) ②,或在你去成都时和他谈谈,给他一些指导,引导他做点研究,不要总是读书。"从此,陈老师对我开始了科研上长达十几年的指导。

陈老师来成都后,明确了我的研究课题是随机逼近算法的收敛性分析。在 Eykhoff 的书中,由于仅把随机逼近作为系统辨识的方法之一,只作了很简单的概括介绍,不能作为对随机逼近研究的理论基础准备,于是

---

① 此处为笔误。
② 朱允民当时为招收研究生正在中国科学院数学所出差。

陈老师给我指定了要重点学习的苏联学者 Nevelson 和 Hasminskii 的专著《随机逼近和递推估计》。该书沿袭了苏联学者一贯的理论系统、逻辑严密、推理严谨、条理分明的风格，与在北京大学学习期间选用的苏联学者基础课教材及授课老师的上课风格一致，我读起来很习惯。特别是后来从文献中了解到，随机逼近算法是著名统计学家 Robbins 等在第二次世界大战期间为解决军事上的一些紧迫实际问题而创立的方法之一，这也正合我的研究兴趣，读起来更有动力。同时陈老师还向我推荐了瑞典学者 Ljung 的有关随机递推算法收敛性分析的论文和美国学者 Kushner 有关随机逼近的专著作为参考。这些文献把当时研究国际上最主要的学派和成果、代表性研究方法都包括进去，使我没有走任何弯路，可以直接走向随机逼近研究的前沿，这对我在研究室内最先发表国际论文起了决定性的作用，充分体现了导师的研究水平和正确引导对学生的成长是多么重要。这些具体指导使我明白，靠拼读书时间赶上同事们的想法是幼稚的。我初步体会到做科研最重要的是要选对研究方向和课题，要学国际第一流专家的成果。这也成为我后来指导学生进入科研前沿始终遵循的经验和方法。

这次见面后不久，陈老师即应邀到加拿大麦吉尔大学的 P. Caines 那里做访问教授。在此后的两年，我和陈老师有过很多次通信：我汇报读书和研究的进展，他给我详尽的具体指导。那时，一封信的往返通常要一个月以上。等待陈老师的回信，是我当时最急切的事。我的第一篇论文《一类量测误差下的随机逼近》(《应用数学学报》，1985 年) 就是在陈老师的信件指导下完成的。有了这第一次，我心中关于自己太晚转换到科研道路是"跳入苦海"的这块石头才落了地，从事科研的信心建立起来，对其中的规律也有了初步的了解，开始入门了。

(三) 陈老师指导我获得重要研究进展

当时国际上对随机逼近的研究集中于算法收敛性分析。主要有两大学派，一派是以苏联的 Nevelson、Hasminskii 等为代表，他们运用鞅的性质解决算法的几乎处处收敛性，陈老师那时已经把他们的一些结果从量测误差为不相关的鞅差序列推广到更一般相关序列。但这一派的方法在收敛性条件中无法克服回归函数必须满足线性增长的限制，连一些简单的高次多项式函数也不满足这样的条件。另一派是以瑞典的 Ljung 和美国的 Kushner 为代表，他们利用微分方程的稳定性定理来导出算法的相应条件及收敛性。该方法可以考虑任意增长速度的回归函数，却不合理地预先假定算法的有界性，算法应用前也无法验证。因此，随机逼近研究要有突破性进展，必须同时去掉这两大限制。我虽然从 1985 年开始发表论文，但也是在两种研究方法上小修小改，往往在去掉一个限制时，又新加一个条件。例如我的第一篇论文，就假设人们预先知道回归函数零点的所在区域，再设计一种包含真值的定界截尾算法，获得对任意增长速度的回归函数的强收敛性。这在实际中应用更方便，但算不上多大进展，我们也不满意。

我与数理研究室的吕涛同志① 常有学习和研究上的交流。他向我推荐一篇国际上的论文，其中提出一种球形迭代算法，算法的每一步，都得到一个包含真值的球形区域，然后使球的半径变小直至趋于零，最后获得收敛性。我感到，这与我们定界截尾算法要求区域包含真值相似，但算法其他部分差异很大，并不能照搬过来，只是朦胧中感觉某些思想也许能借鉴。但如何借鉴，冥思苦想好长时间也没有得到清晰思路。

正在我一筹莫展之际，陈老师和我于 1984 年冬在昆明的会议上相聚。在去往昆明附近参观的大巴上，我们坐在一起，无暇顾及沿路的秀丽风光，而是对我们关心的如何干净地去掉随机逼近算法长期存在的两大条件限制展开了专注的讨论。至今我印象深刻，当我刚介绍完国际文献上的球形迭代算法将覆盖真值区域变小获得收敛性时，陈老师立即说："我们定界截尾的算法也要改成变界，但不是像这个算法那样变小，而是变大。"没想到我苦苦思索了好久的问题，陈老师一句话就使我茅塞顿开，即我们要借鉴的是个"变"字，要改造的是从"小"到"大"。他对新接触事物反应之敏锐，对问题本质洞察力之深刻，如果不是对随机逼近研究进展及其难点的充分了解和准确认识，是不可能达到这种境界的，这确实令我折服。讨论到此，我们后面要克服的技术困难就变得很清晰，仅仅要证明这样的截尾界变大有限次后，一定会成为标准的无截尾随机逼近算法。这样，微分方程方法要求的算法有界和鞅方法要求的回归函数线性增长就干净地

---

① 他被关先生安排跟随林群先生做计算数学研究。

去掉了，而定界截尾要求的真值在界内的假设也不需要了。由于有前面的研究基础，二十天左右我们就完成了新算法构造和强收敛性的严格证明，使随机逼近研究获得了一次重要进展。后来，陈老师将收敛性条件改进得更易验证，使这些年来出现的很多系统控制研究热点问题，都可以应用这种算法去获得创新结果，证实了新算法的强大威力。我相信不仅我当时没有想到，就是当初随机逼近算法的创立者们也会出乎意料。这不仅是我在陈老师指导下的首次重要研究进展，影响更为深远的是：对我今后如何选择创新性的研究课题、确定恰当的研究思路、提高分析和解决问题的能力等方面都是一次升华。

（四）　陈老师为我开启了国际交流的大门

基础研究，即使是应用基础研究，都要按国际标准评价。如果没有国际视野、充分了解国际前沿的成果、学习到国际一流学者的研究方法和经验，要获得真正被国际同行认可的创新成果，是不可能的。特别是经过"文化大革命"的耽误，"请进来、走出去"的国际交流更是必要的。

1984 年夏，陈老师陪同国际著名系统控制专家、加拿大麦吉尔大学 P. Caines 教授到成都数理室访问。那时数理室没有人能听懂英语，几次学术报告都是陈老师逐段翻译，搞得很累。陈老师还让我参加陪同 P. Caines 游览成都的历史文化名胜的活动，这是我第一次接触国际同行。

1985 年初，陈老师通知我，国际著名随机系统控制专家，也是随机逼近研究的代表性学者，即美国布朗大学教授 Kushner 夫妇在当年 5 月要到成都访问半个月。这一次他不陪同，由我负责全程接待。得知此事，我立即大为紧张，因为我当时的英语基础太差。中学、大学都是学的俄语，到"回炉班"时才学了电子科技大学的英语教材，写学术论文还勉为其难，口语交流能力则几乎为零。何况 Kushner 的夫人是一位州议员和律师，恐怕不易相处，我在接待中能使他们满意吗？不管怎样，先恶补英语。我立即参加了中国科学院成都分院举办的英语培训班，刚学了一个多月，Kushner 夫妇就到了。我临时请到一位成都科学技术大学公派出国访问了一年刚回且英语不错的徐老师做 Kushner 学术报告和游览时的翻译，但 Kushner 和夫人明知我英语很差，却一点也不嫌弃，常常越过翻译与我直接交谈。我只好结结巴巴加上比划应对，彼此也能明白几分，这渐渐使我放松下来。Kushner 是随机逼近的大家，我不会放过交流机会，于是把刚发表的定界截尾随机逼近和还在投稿期间的变界截尾算法初稿给他，请他指教。没想到，到访问结束前一天，Kushner 突然提出要由他全额资助，邀请我以访问助理教授的身份于 1986 年去布朗大学访问一年。这从天而降的喜事实在太意外了，我简直不敢相信会是真的。要知道，当时即使是在国内已经声名显赫的教授，也大多是先通过英语水平考试，获取公派指标才能出国访问。而我当时还是个初级职称的实习研究员，在研究室内竟然第一个受邀出访。这个"天降之喜"的由来，后来在 Kushner 家中的一次派对上，大家彼此聊天时才得到他的解释。他说，在那半个月的密切接触中，他发现我对他们感兴趣的中国的各种问题，回答都很坦诚，说明我是个容易交朋友的人；而且就在这十几天内，他们感受到我的口语能力有令人意外的进步；尤其是，我大学还只学了两年就转行十几年，还能再回头搞专业研究，这令他难以想象；要是他，即使离开研究半年，都不知是否还赶得上。

毫无疑问，陈老师安排我接待 Kushner 访问是这次"天降之喜"之源。从此，国际学术交流的大门就向我打开了。自那以后，我和美国及加拿大的多位同行有过数十次的互访和合作研究，使我的学术视野及研究水平很快接近他们，获得的研究成果也在国际学报和专著上发表。更重要的是，我深受国际上著名大学和研究团队学术氛围的熏陶，应用了那里的先进理念和方法来培养自己的学生和建设团队。在学生毕业后也积极推荐他们到各个国际著名学者处访问和合作，使他们也和我一样能再补上国际交流的课，建立起国际视野，获得在我指导期间未学到的更多知识。

回顾我的成长历程，像我这样在科研上起步很晚的人，在得到关先生和陈老师对我的关怀和指导之前，根本想不到，在他们影响下，专业生涯和人生轨迹能有如此之大的改变。我将永远深深敬仰和怀念关先生，永远感谢陈老师的高尚人格、严谨学风及悉心指导对我人生的长期影响，我将铭记和用好这些精神财富，努力以他们为榜样塑造自己的人生。

第六章　中国控制界的举旗人

一、 运筹帷幄，开疆拓土

除了研究工作外，陈翰馥还承担了大量学术界的组织领导工作。他以自己极大的热情、极强的事业心、敏锐的洞察力和深刻的见解为开拓中国的自动控制事业做出了显赫的贡献。

他曾经为中国科学院系统控制开放实验室的创立花费了大量心血，并亲自担任了该实验室的首届主任。他长期担任系统所的领导职务，先是副所长，后是所长。为了系统科学与控制事业的发展，他呕心沥血。在专业设置、人才培养和引进、学术研究的开展等许多方面做了大量的工作。他坚持真理，原则性强，不怕得罪人，敢于同一些不正当的歪风邪气作斗争。他和一些志同道合者的努力，使系统所成为一片相对干净单纯的科研乐土。

为了赶超国际先进的控制理论，也为了让外国同行了解中国，他凭着良好的外语素养，积极参与国际控制界的各项学术活动、学术团体和学术交流。他在国际上先后担任*Systems and Control Letters*、*Adaptive Control and Signal Processing*、*Stochastics and Stochastic Reports*、*Control and Cybernetics*、*Kybernetes*、*Discrete Event Dynamic Systems*、*Nonlinear Dynamics and Systems Theory* 等 7 种国际学术刊物的编委、副主编或顾问，

美国系列丛书 Systems and Control: Foundations and Applications 的副主编。在国际自动控制联合会曾任理论委员会副主席 (1987—1993 年)，1993年被选入技术局，并任系统控制 (Systems and Control) 协调委员会主席。他于 1993 年当选中国自动化学会理事长，并长期兼任中国数学会常务理事。

　　为了让更多的中国系统与控制理论工作者参与国际学术交流，促进国际控制界对中国的了解和认同，他积极支持和领导了 1988 年 8 月在北京举办的第七届 IFAC 系统辨识与参数估计国际会议。会议的成功给当时参加会议的 IFAC 执委会成员留下了深刻而良好的印象，为后来中国成功竞办 1999 年第十四届 IFAC 世界大会起了重要作用。

　　三年一次的 IFAC 世界大会被认为是自动控制领域的"奥林匹克运动会"。1999 年在北京顺利召开。大会的成功得到许多著名国际学者的交口称赞，大大提高了中国控制界在国际同行中的地位和知名度。作为大会 IPC 主席和国家组织委员会 (NOC) 副主席，陈翰馥在台前幕后做了大量工作，他的贡献是有目共睹的。

1981 年在日本京都参加第八届 IFAC 世界大会
陈翰馥 (前排左四)，同行有宋健、秦化淑、韩京清、屠善澄、吴麒、陈汉民、
王良楣、吴沧浦、项国波等

　　1997 年开始，他作为国家攀登计划预选项目"复杂系统控制的基础理论研究"的首席科学家，组织国内一批最优秀的控制理论专家，开展了多

方位的理论研究工作，取得一系列突出成果。2001 年结题时，得到评审专家的一致好评。

在 1998 年底退出所长的领导岗位后，他真诚地希望他的学生和年青一代能接好棒。为此，他花了许多心血扶持和帮助新的领导班子，为他们出谋划策、分忧解难。他高瞻远瞩，凡事总是比别人看得更深、想得更远，他始终是控制室的灵魂。"让祖国的系统与控制理论的研究，像长江的滚滚流水，后浪推前浪，奔腾向前。"这就是他经常倾吐的心愿。

1987 年于德国慕尼黑参加第十届 IFAC 世界大会

1989 年 1 月访问美国 P. R. Kumar 教授，在伊利诺伊大学香槟分校 (UIUC)
办公室留影

1990 年于苏联塔林参加第十一届 IFAC 世界大会，与蒋新松 (左二)、谈自忠

(左三) 合影

1994 年参加在中国香港举办的控制和制造新方向的专题研讨会

左起：谈自忠、K. J. Åström、陈翰馥、何毓琦、蒋新松

1996 年在旧金山参加第十三届 IFAC 世界大会招待会

右起：L. Ljung、路甬祥、吕勇哉、陈翰馥、G. Olsder、曹希仁

1998 年访问香港科技大学时在办公室留影

1999 年在北京举办第十四届 IFAC 世界大会

左起：秦化淑、陈翰馥、谈自忠、孙柏林

2000 年于美国底特律

左起：张纪峰、王乐一、殷刚、陈翰馥、方敖大、方敖大夫人

2005 年于捷克布拉格参加第十六届 IFAC 世界大会

2005 年于捷克布拉格参加第十六届 IFAC 世界大会

左起：郭雷、陈翰馥、曹希仁、柴天佑

2005 年访问新加坡国立大学、南洋理工大学期间与教授们合影

2006 年于瑞典林雪平大学参加中瑞控制会议

前排左起：乔红、卢强、郑毓蕃、陈翰馥、郭雷、常金玲；后排左起：洪奕光、

胡晓明、程代展、张纪峰、韩靖

2006 年于澳大利亚参加第十四届 IFAC 系统辨识会

左起：白尔维、王乐一、陈翰馥、温长云

2007 年访问香港科技大学期间与 H. Kimura(左二)、席裕庚 (左三) 合影

2007 年参加第六届国际控制与自动化会议与控制界同人合影

2007 年参加第一届海峡两岸控制会议

2008 年在第二届海峡两岸控制会议上做报告

2009 年于日本京都大学做交流报告

2009 年参加在香港举办的亚洲控制会议

左起：李韬、陈翰馥、张纪峰

2010 年参加自动控制先进理论和应用技术研讨会

左起：洪奕光、黄捷、胥布工、陈翰馥、张纪峰

2015 年于日本大阪参加 CDC, 与北京理工大学陈杰 (右) 及香港中文大学
陈杰(中) 合影

二、　慧眼独具，敢于承担

对于学术问题，陈翰馥有其过人的敏感。他相信自己的判断，也敢于坚持自己的观点。说起这一点，秦化淑总会提到几件事：一是当年派出国攻读研究生的事；二是工农兵学员工作再分配的事。这两件事在前面提过，它们反映了陈翰馥对一个人学术水平的判断还是很准的。陈翰馥的判断能力，还表现在他知人善任上，特别是他在哪些人适合做科研工作这一点上看得很准，有伯乐之才，这让秦化淑也很佩服。

郭雷曾在一篇文章中说道："陈翰馥基本上属于理智与稳重型科学家。对他不熟悉的研究工作，从不轻易给出肯定或否定的评价，而对他熟悉的工作他能及时赏识，但难听到他溢美之词。每当遇到棘手的评审材料，他总是避免做出违心的评价。"

陈翰馥于 1985 年开始担任中国科学院系统所所长助理，1987—1991年任副所长，1991—1994 年担任所学术委员会副主任、主任，自 1995 年开始担任所长，从此担负起系统所的主要领导责任。直到 1998 年，在中国科学院知识创新工程的推动下，系统所与数学所、应用数学所、计算中心整合为数学与系统科学研究院。在这漫长的十数年的人生历程中，他不仅表现出公平正直、不谋私利、以大局为重的个人品质，而且还拥有敢于坚持真理、仗义执言的原则立场和协调把握全局的工作技巧。

1996 年与系统所院士合影

左起：林群、万哲先、吴文俊、许国志、陈翰馥

　　陈翰馥担任所领导期间，系统所是法人单位。按照当时行政制度所里工作人员的职称、住房乃至分发自行车和缝纫机票、孩子入托……，俗称"吃喝拉撒睡"，全归所里管。陈翰馥从不利用自己手中的权力为自己谋取半点私利。正因为如此，他才能秉公处事，做到公平公正。有人为了自己的小算盘，到他家软磨硬泡，但只要提出的要求不符合规定，不管这个人怎么说，他也不会为之所动。他可以陪这个人坐上半天，一言不发，直到这个人无可奈何地离开。但如果这个人的要求合情合理，他也会尽力帮忙。例如，为了给一位回国人员解决住房问题，陈翰馥多次打报告、跑院部，终于帮他解决了这个难题。

　　陈翰馥刚担任副所长时，有一位老同志，由于在"文化大革命"中受到不公平待遇，心中有情绪，经常提出一些不合理的看法和要求。陈翰馥耿直敢言，一时间成了老同志发泄不满的对象。陈翰馥坚持原则，即使面对辱骂威胁，他也不肯轻易退缩。但同时，他努力做好沟通工作，在合理范围内努力帮老同志解决实际困难。最后，终于得到老同志的理解，改善了关系。

　　在处理学术问题上，陈翰馥既能坚持原则又能实事求是、敢于决断。

他担任所长时，遇到了一个棘手的问题：有一位年轻同事被人指控论文有抄袭行为，由于证据不足，而指控者是资深研究员，此事带上了一点派性色彩，前任所长有所犹豫，遂成了历史遗留问题。陈翰馥上任后，想了一个办法，他请两位学术大佬吴文俊先生与许国志先生负责，组织几位同行进行学术复审。经过仔细比对，小组复审的最后结论是该文不存在抄袭。最后，根据审查结果，系统所做出了结论，这使得这位年轻同志得到解放，之后并走上了领导岗位。陈翰馥在担任中国自动化学会理事长期间，遇到了类似的事件。这次的起诉者是一名海外学者，他是原论文的作者。陈翰馥委托秦化淑与清华大学教授郑大钟对此事做了周密的调查取证，最终得到了有说服力的证据。这次，陈翰馥没有手软，他对抄袭的学生及其导师给出果断的处理。

1998 年中国科学院开展知识创新工程。作为当时的系统所所长，陈翰馥为此呕心沥血、献计献策，做了许多突出的贡献。他想了许多，也做了不少，但从没有想为自己谋个"职位"。

当时，中国科学院准备将数学所、应用数学所、系统所、计算中心合并为一个创新基地。怎样在创新基地中反映"系统科学"这个新兴的学科方向成了陈翰馥关心的首要问题。他当时身在香港，通过常务副所长邓述慧向中国科学院院长路甬祥转交了一封信 (附录一)，强调了系统科学的重要性，坚持在新成立的研究院名称中应体现系统科学。今天，"中国科学院数学与系统科学研究院"这个名称，大致就是在这封信中提出的。

随后，他在给筹备组副组长章祥荪的一封信中 (附录二)，不仅再次强调了关于研究院名称的主张，而且对研究院人员构成、研究方向等提出了许多意见和建议。这些真知灼见，得到中国科学院领导的肯定，多数主张在数学与系统科学研究院的创立过程中被采纳 (附录三)。

附录一：给路甬祥的一封信

(请邓述慧常务副所长转呈路甬祥院长并金铎局长。)

甬祥院长并金铎局长：

"系统科学"这门交叉学科的重要性一向为路院长和金局长充分肯定。系统科学所能发展到今天并取得一定成绩，都与院领导对学科发展高瞻远瞩分不开的。现在数学和系统科学这一片的结构调整已到了关键时刻。我拥护院领导对知识创新工程的构想，拥护院领导为科学事业发展、为增强科学院竞争力所作的努力，并为数学和系统科学这一片受到院领导的重视而感到高兴。

对结构调整，我反映过意见，但最主要的，我只有一条意见，就是无论在什么调整方案下，新成立的研究院的名称中"系统科学"要有反映。例如叫"数学和系统科学研究院"。我想这样对支持交叉的、综合的、新兴的学科大有好处，对发展数学也起了支撑和促进作用。

陈翰馥 1998.7.13

附录二：给章祥荪的一封信

祥荪教授：

在新的研究院筹备期间，你一定十分繁忙、辛苦，但我们都支持你的工作，支持新的院领导班子。

趁应用所、系统所一些同事来港开会的机会，我向他们了解一下新研究院筹备情况。很高兴知道工作在顺利推进中，但就忙坏了你，望注意身体健康。

在聊天中，我和老安谈了我的浅见，老安建议是否写一下。我想这个意见好，但仅供你个人参考。

1. 对研究院的名称是老话，我建议为"数学和系统科学"。其理由有三：

(1) 系统科学是重要的交叉学科，这面旗帜是科学院举起来的，现在国务院学位委员会中已是一级评议学科，这是一个科学院的重要无形资产。

(2) 院的名称中包含了系统科学，既有助于保证数学向应用层次及交叉学科层次发展，同时反过来，又对基础数学提供了有力支撑。

(3) 有利于团结有关科研人员，并且对突出"数学"并无损害。

2. 四个所研究人员的年龄结构，你最清楚。40多岁到50多岁是个空档。假如没有这个空档，把上岗年龄限得严一点是可以的，但我们只能从实际出发：没有这一档人，而一大批55—60左右的人还在不断出成果，如果把年龄限得太严，无疑打击了这批人的积极性，而在国内竞争中，等于是自我损伤，对中国科学院很不利。如果新的研究院确能从国外吸引一批优秀年轻人，这当然又作别论，但这种可能性有多大？所以我想，上岗与否，一方面有年龄限制，但也要结合具体情况，看他是否在学术上不断做贡献。例如吴文俊先生，七十多岁，不断创新，当然他是院士，但如果不是院士呢？这样有创造力的、年龄虽偏大的老先生是否也不能上岗？

3. 老数学所的分裂，原因很多，但新学科的兴起，对学科评价的不同见解是主要原因。新的研究院成立之初，我认为就要重视这个问题，要使基础数学研究之外的许多研究人员确实感到新的研究院是他们得到坚强支撑的"家"，而不是附在主流之外的支流。这是使新的研究院兴旺发达、团结而有竞争力的基础。

4. 新的研究院的方向不可能求全，但对已有一定基础、重要但仍显薄弱 (青黄不接) 的方向，应有些倾斜性支持。例如现应用所的优化、现系统所的系统工程，可能还有其他方向。

以上意见是在会上仓促写成，文字没有斟酌过，可能表达不一定准，

供你参考而已！祝

工作顺利，身体健康！

陈翰馥　1998.10.3

(复印件送邓述慧教授。)

许多研究人员研究怎样新的研究院是地得到坚强支持的家，而不气附在立院之外的支院，这主使新的研究院兴旺发达，团结而有这争力的基础。

4. 新用研究院以方向而不就求全。经时已有一定基础、至些仍是薄弱（青黄不接）的方向，这有些你钟性支持，闹为现在同所的状化，观到经们的家住工程，可能还有其尼充间。

……上意见是表会上众是写成，文字没有基本的这，可就表达不一定准，供经参政如已！　祝

工作顺利，身体健康！

P.88房屋

1998.10.3.

久印件连邓述慧教授．

附录三：邓述慧的一封信

老陈：

章祥荪转来一份路院长的批示，其中有关基地年令（龄）问题。其他几条，他都同意你的意见。

邓述慧　10.9

老陈：

　　章祥荪 的来一份 路院长的批示，其中有关基础年金问题。其他几条，他都同意你的意见

　　　　　　　　　　　　　　邓志峰
　　　　　　　　　　　　　　10.9

三、 察察其身，悠悠其心

　　陈翰馥是一位极有个性的学者：睿智、稳重、深沉、执着。他有很强的原则性。对不熟悉的领域他很敏感，能及时识别和鉴赏创新的萌芽；但同时，他常见解独到，很难听到他人云亦云的溢美之词。每当遇到棘手的评审材料，他总是设法避免做出违心的评价。他不吸烟、不嗜酒，日常生活和工作像上满发条的钟表一样极有规律。他几十年如一日笔耕不辍，工作孜孜不倦、勤勤恳恳。他不爱扎堆侃大山，但熟悉他的人都知道，当你有事征求他意见时，他会随时放下手中忙碌的工作，仔细聆听你的陈述，然后给出中肯的建议。这些建议常常被证明是行之有效的。与人谈话时，他表情严肃，　是一、二是二，不讲废话。他善于思考，遇事常能深谋远虑、未雨绸缪。他不轻易改变自己的主张，更不轻易放弃自己的追求。

　　他关心时事政治，在紧要的历史关口，对重大问题的看法从不随波逐流、人云亦云。他有很强的爱国心和民族自尊心，经常教导他的学生们，在与外国人打交道时要不亢不卑。自 20 世纪 80 年代初以来，他多次应邀出国进行学术访问和合作交流。为了中国人的尊严，他从不为省一点钱而主动从对方安排的"公寓"搬到便宜的"平房"住。

　　然而，如果你以为他是一个言行刻板、生活单调的书呆子，那你就大错特错了。他兴趣广泛，注重生活情趣。他虽平日不苟言笑，但思维敏捷，

偶尔显露出他特有的幽默从而让人笑破肚皮而又回味无穷。

乒乓球 —— 左右开弓、随机应变

游泳 —— 劈波斩浪、一往无前

他喜欢运动，我们常常可以看到他在晨曦中跑步的身影。打乒乓球时，他身手不凡，经常让一班年轻学生甘拜下风。游泳时，你也别跟他比"马拉松"——他耐力极好。如今已过古稀之年的他，依然坚持每周游泳四到五次，每次七百米。他还每天早起做操锻炼。数学家大多有音乐渊源，这也在陈翰馥身上展露无遗。他虽不像爱因斯坦那样拉得一手好提琴，却对古典音乐情有独钟：贝多芬、莫扎特、柴可夫斯基的音乐都会陪他度过闲暇时光。对于音乐，他有自己独到的见解和欣赏角度。桥牌更是他的"最爱"，在早年中国科学院的一场比赛中他还登上了领奖台。

除了运动、音乐和桥牌，他还喜欢做菜，但他轻易不会下厨，除非是特殊的日子，或有喜事或有贵客，他才会"偶尔露峥嵘"。他拿手的有几道绝活：一是"陈氏牛肉"，是一种酱牛肉，配料与做法均与众不同，不仅肉质细腻，而且色香味俱佳，堪称一绝；还有一道烧鸭腿，一道蒸黄鱼，都是上乘的美味可口家常菜。他做这几样菜，选料讲究，烹饪程序固定，因此，每次吃味道都一样，从不走样。

桥牌 —— 以牌会友、谈笑风生

合唱 —— 院士合唱团的积极分子

他的学生郭雷有一句话颇含哲理:"陈老师研究随机却从不随机!"他每天的生活非常有规律,什么时候起床,什么时候睡觉,上班下班,每个时间干什么,没有特殊原因都是有板有眼、一成不变的。他夫人王淑君说过几件事,可见他我行我素的性格。

2014 年实验室新年晚会

左起:赵延龙、郭雷、齐洪胜、薛文超、陈翰馥

他们刚结婚的那个春节,王淑君的导师刘源张先生来看望他们,来时陈翰馥正在看书。他开门让坐,等刘老先生坐定,他寒暄了两句后转身又看书去了。王淑君多少有点难堪,觉得不给客人面子。好在老先生不介意,照样有说有笑。等老先生走了,王淑君和他吵了一架。可陈翰馥觉得:我看我的书,你们师徒聊你们的,有何不好?

还有一次,P. Caines 到他们家做客,吃过晚饭,大家正在聊天,陈翰馥发现到了他该洗澡的时间,他竟然扔下客人不管,自己跑去洗澡。王淑君当时英语也不太好,又不知怎么给 P. Caines 解释,一时十分尴尬。其实,陈翰馥的性格里有一种率真的天性,他讲求实际,不太顾及世俗的面子、应酬之类的虚假礼仪。按照他的一位学生方海涛的说法:这种我行我素的处事方法也许是他能够在繁忙的事务中不受干扰、保持自己的学术水平的一种自我保护方式。

海明威的名著《老人与海》里的老渔夫讲过这么一句话:"每一天都是一个新的日子,走运当然更好。不过我情愿做到分毫不差。这样,当运气来到的时候，我就有所准备了。"也许，陈翰馥也是这么想的，至少，他是这么做的。

四、 拳不离手，贵在有恒

直到如今，过了八十岁，陈翰馥依然鹤发童颜、精神矍铄，每日按时到办公室上班。他每次体检，各项指标比许多年轻人还胜出许多。这些，都得益于他几十年如一日，对锻炼身体的坚持。他至今还每周游泳四到五次，每周打一次乒乓球……他游泳一次能游上千米，他的乒乓球技术，至今在控制室还无人能敌。

或许你会以为陈翰馥有天生出众的运动细胞，但其实远非如此。陈翰馥自己说，他其实是一个平衡系统不佳、运动机能不强的人。只是他干什么都能憋着一股劲，不达目的决不罢休。一次，他偶尔谈起自己少年时代学自行车的事情。新中国刚成立的时候，他父亲在国立浙江大学 (1950 年 10 月，校名去掉了"国立"二字)，而他们全家仍住在绍兴。1951 年暑假，像往常一样，他从绍兴到杭州度假。这时，他大哥刚从浙江大学肄业，抗美援朝参军去了。他大哥留在家里的自行车，就归了他。对着自行车他发了愁：他不会骑，而那时自行车还没普及，会骑的人也少，没有人教他。他父亲让他等等，等他找个人来教他，可陈翰馥早已迫不及待，就自己开练了。

那时，他们家在杭州刀茅巷教师宿舍楼，宿舍楼前有一块大石头，陈翰馥一个人上不去自行车，就把车放到石头边上，一脚踩着石头，另一脚跨上自行车，然后使劲一蹬，车居然就走了，但晃晃悠悠走了几步，人和车就"叭叽"一声摔倒在地上。陈翰馥从地上爬起来，自己揉了揉摔痛的右腿，就把车推回石头旁，又重新踩着石头上车了。

终于，他可以歪歪扭扭地在宿舍小区里上路了，可他不会下车，每回总是以摔跤结束。然后，他就得将车子推回到大石块边上，再重新上车。他们对面的楼下住着卢庆骏、张复生教授夫妇。张复生见他每次如此上车，觉得挺可笑的，打趣他说："叔谅 (叔谅是陈翰馥的小名)，你得扛着这块大石头骑车。"陈翰馥知道是在打趣他，也不回答，继续着他艰难的上下车历程。宿舍区的小路不宽，还有一些小贩进来摆摊贩卖。一次，他看到一个妇人提着一筐鸡蛋，本想躲远一点，谁知一紧张，车子反而冲那妇人去了，结果把一筐鸡蛋砸个稀巴烂。还是邻居叫来他的母亲，赔了人家一筐鸡蛋的钱才把这事了了。

他母亲劝他别再骑了，等找人来教。陈翰馥虽然口头答应了，但心有不甘，从此一直在家闷闷不乐。见此情景，他母亲也不过意，终于想了一个主意，花五块钱请了一个小区的三轮车工人，帮着扶他上下车。有人帮忙可比石头效率高多了，他很快就学会了上下车。等暑假结束，他就带着车子回绍兴了。

1963 年，时任中国科学院院长的郭沫若捐了几万块稿费，在中关村建了一个游泳池。游泳池不算大，分成两部分，一个深水池一个浅水池。陈翰馥虽然不会游泳，但他很快迷上了游泳。那个游泳池人多，每次都像煮饺子。研究员桂湘云的母亲是西方人，七十来岁了，也喜欢游泳，常去，大家都觉得很稀奇。

陈翰馥几乎每天都去，他总是趁着晚饭时间人相对少一点的时候去。他不会游，就仔细观察别人的动作。见着熟人，就让人家帮自己指点指点。就这样，他无师自通地学会了游泳。从此，这项运动就成了他终生不渝的喜好。直到六十来岁，他还请专业老师教他自由泳，真可谓活到老，学到老。

乒乓球是陈翰馥的另一个无法割舍的爱好。他从小就喜欢乒乓球，那时，很难找到正规的乒乓球台，他在家把两张八仙桌拼到一起，就和小伙伴们玩起来了。球拍也是因陋就简，自己用小块木板做成的。当他儿子十二三岁的时候，他开始教他儿子打球。从此以后，他每个周末都会和儿子陈鹤一打比赛。陈鹤一小的时候，陈翰馥是常胜将军。到陈鹤一二十岁时，他们成了旗鼓相当的对手。

陈鹤一信心满满，以为过不了二三年，他父亲必将落败。谁知过了十来年，他依然无法轻易战胜他的父亲。久攻不下，让他心生一念：他悄悄找了一个专业教练给自己培训。一段时间后球技大长，终于战胜了他父亲。不过，这场父子间的"对抗赛"成了他们家永久的体育项目。至今，八十岁开外的陈翰馥还是每周一次地同他儿子对垒，不过现在已无胜算。

陈翰馥对小轿车情有独钟。他年轻时没有机会学车。20 世纪 90 年代，中国开启了汽车时代。可当时北京市申请小型汽车驾驶证的年龄限制到 60 岁，而当时他正担任系统所所长，行政和业务的双重压力，让他实在抽不出时间从而坐失良机。2003 年，他已经 66 岁。这时，《机动车驾驶证申领和使用规定》将学车年龄放宽到 70 岁。这让他喜出望外，他立即到海淀驾校报了名。

学车过程表现了他的专注，他每天早早起床，赶班车到驾校，一练就是半天。虽然年纪偏大，但这并没有影响他那一丝不苟的精神。他学得很认真，开车很专注、动脑筋，进展很快。路试的时候，他显得很有信心。让大家吃惊的是，他一次就考过了。从笔试到拿到驾照，他只花了一个来月的时间，这让许多年轻人都望尘莫及。

许多人因忙于自己的事业而无暇顾及锻炼身体以及休闲娱乐，其实，工作忙更重要的原因是缺乏毅力。陈翰馥作为一名成功学者并身兼许多学术组织工作者，尚能如此合理安排时间，重视锻炼身体，做到劳逸结合，其根本原因是他具有非凡的意志力，只要他认定了，就一定会坚持不懈、持之以恒。一位美国传奇营销天才、美国连锁店的发明人约翰·沃纳梅克说过："没有时间锻炼和娱乐的人，迟早得有时间生病。"而陈翰馥正好相反，他身体好，是因为他把许多人生病的时间用来锻炼身体了。

五、 少小离家，故园情深

少小离家的陈翰馥，对故乡有着浓浓的思念之情。禹陵、兰亭、东湖……故乡的山水，总镌刻在他的心头，一有机会，就会祖孙三代一起到祖籍绍兴寻根。

穿过繁华的绍兴人民中路，拐进一条幽静的小巷，喧嚣的车水马龙顿时从时空中消失，化作一片宁静。轻启木门，眼前出现了一个绿荫遮蔽的小院。青石板、漏花窗，斑驳的围墙上嵌着一块小小的石碑 —— "陈建功故居"。这也是陈馥馥童年时代的乐园。

陈翰馥至今仍清楚地记得当年的小桥流水和那狭长的马路，还有他落水的小河。如今，老屋依旧，只是那少年时代的欢笑与那记忆中的小桥狭巷一起，都被岁月挟裹而去了。在那高楼鳞次栉比的金融一条街边，这座带着岁月痕迹的老屋显得落寞。"绍兴的变化太大了，到处都是旧貌换新颜，何处寻当年？"陈翰馥有些感慨，他多么希望家乡的人们能为旧居，为那些文化遗产，找一个与现代化并行不悖、两全其美之策。

2006 年回到家乡绍兴的老宅

出身教育世家的陈翰馥，对家乡的教育十分关心。他一直期盼家乡绍兴能进一步提升高等教育，早日拥有重点的高等院校。他眼界开阔，见解独到。他说，虽然自己是从事科研工作的，但他不认为科研是年轻人的唯一出路。他鼓励有机会去国外留学的学子勇敢地走出去，不但要学习先进的科学知识，更要培养创新思维，走出中国人自己的路。同时他也强调，国内的发展机会也很多，浙江的年轻人办实业、经商也是很好的选择，要勇于尝试，我们社会目前的经济文化条件非常适合实业家的发展。

2005 年于浙江绍兴作为建功中学荣誉校长参加建校 90 周年庆祝活动

　　他有一份拳拳的赤子之心，在他的心目中充满了对祖国的爱、对家乡发展的期盼!

2005 年在建功中学建校 90 周年庆祝会上讲话

第七章　充满正气的和睦家庭

一、女大当嫁，随心由命

都说"每一个成功男人的背后都有一个伟大的女人"。那么，陈翰馥背后的这位女人是谁呢？她叫王淑君，出生在上海的一个小康家庭。她父亲当时是中央银行的一位高级职员，在中央银行管金库。抗日战争胜利后，她爸爸还带她进过金库，见识了一排排金光灿灿的金砖。

一家人的幸福安宁生活很快被日军的入侵打破了。日军占领上海前夕，她父亲跟着中央银行迁到重庆，她母亲则带着她和她的哥哥逃回宁波镇海大碶头老家。爷爷家的房子很大，左右是两大排房子，中间是天井，天井一侧摆设一排大缸，是装水用的。她们家搬来后，就同大伯分住东西两厢房。出了后门就是一条河。

那时，由于交通十分不便，她父亲很少回老家探视他们。虽然她父亲偶尔会寄点钱来，但也难以为继。爷爷家有几十亩地，但兵荒马乱，年景不好，生活也是紧巴巴的。1942 年，日本飞机到宁波轰炸，她匆忙拖着她两岁的妹妹从前门逃出，刚跑到小河的桥头边，炸弹就落下来了。她赶紧躲到桥墩后面，眼看一颗炸弹落入自己家院子中，两排房子就呼呼地着起火来了。经过这场大火，生活就更艰难了。

直到抗日战争胜利，他们全家都回到上海。当时日本人败退了，空房子很多，她父亲买了一栋日本人建的石窟门的楼房，从此，她们家就在永丰坊扎了根，王淑君就在弄堂口附近上的小学和初中。到考高中的时候，家附近的虹口中学、复兴中学以及上海最好的中学——上海中学，都录取了她。她渴望独立和自由的生活，选择了可住校的上海中学，这才让她离开了永丰坊的弄堂口。

1948 年，节节败退的蒋介石为稳定经济局势，派蒋经国到上海督办金圆券事务，要求老百姓将金、银全部换成金圆券。蒋经国因遭豪门富贾的反扑，无法平抑物价，让老百姓深感受骗。为了安抚民意，蒋介石解雇了一批中央银行高管，王淑君的父亲管金库，自然首当其冲。好在他是金融行家，很快就被一家燃气公司招聘为财务总管，这让他们一家依然过着衣食无忧的生活。

也许是从小家境宽裕，王淑君自称"晚熟"，她心地善良、性格开朗，过着无忧无虑的童年和少女生活。虽然她自认为不懂得用功，但她考上了上海中学，开始寄宿生活。到考大学的时候，家里人为了不让她离开上海，建议她报考华东纺织工学院。华东纺织工学院是国家"211 工程"重点大学，现名为东华大学。四年的大学生活很快过去了，她不仅功课好，而且因为出身的关系，谨言慎行，因此，给老师和同学们都留下了一个好印象。

王淑君

到毕业的时候，她和大多数同学一样，在志愿表上填上"到祖国最需要的地方去!"分配方案下来了,她被分到中国科学院光学精密机械研究所。该研究所在长春,王淑君第一次孤身一人,背井离乡,来到了遥远的北国。她被指派先到长春第一汽车制造厂劳动锻炼三个月。刚待了不到一个月,突然领导找到她,对她说,中国科学院力学研究所在到处找她。原来是分配时闹了乌龙,她就又回北京到力学研究所报到。当时正赶上力学研究所她所分配的室并入数学所,几经周折,她最后被分到了运筹图论研究室(简称运筹室)。

当时的运筹室一次分来了许多年轻人,有北京大学的、哈尔滨工业大学 的……,学理的、学工的、学数学的、学机械的全有。当时提倡"我是革命一块砖,哪里需要往哪搬"。运筹室在数学所,尽管专业不对口,王淑君还是下决心多学点数学。

数学所男多女少,而王淑君聪明活泼,又长得端庄可爱,献殷勤的大有人在,可她哪个也没看上。支部书记是个老大姐,看在眼里,就想给她当个大媒。介绍的是所里的一位总支委员。这位支部书记自己嫁了个老干部,她现身说法,劝她说:"这样政治可靠,又红又专的人你不嫁,你还想嫁给什么人呀?"王淑君不为所动。或许是因为出身经历的缘故,王淑君在心底里有自己的情感追求。

另一个关心王淑君婚事的是她的闺密秦化淑。秦化淑小时候是个穷孩子。新中国成立后,靠自己的努力上完中学又上了南开大学。大学毕业后,因成绩优秀被选送波兰留学。1961 年,她取得博士学位后立即回国,被分配到数学所控制室。当时,数学所四位单身年轻人一个宿舍,王淑君同她成了室友。秦化淑比她大三岁,待她像个大姐。

秦化淑在控制室,与陈翰馥是同事。她对陈翰馥和王淑君都熟悉,觉得他们俩挺般配,遂生了当红娘的念头。一次,趁着去中国科技大学上课的机会,秦化淑问陈翰馥对王淑君的印象。陈翰馥虽然跟王淑君接触不多,但感觉还是挺好的,况且,在所里听到她的口碑也不错,于是,以实相告。

一个周末的晚上,秦化淑和王淑君都在宿舍里补袜子。秦化淑趁机跟她聊起了陈翰馥。秦化淑向她介绍陈翰馥的为人和工作,特别夸了他的业务水平,然后问王淑君的想法。王淑君知道陈翰馥的父亲是大数学家,而他自己也是留苏学数学的,这正符合了自己想学数学的心愿,于是,心中先有了几分愿意。就这样，两个人就开始走到一起了。后来回想起来，王淑君说，他们俩的婚姻，除了秦化淑，也许，另一个红娘就是"数学"。

那时的青年男女谈恋爱没有那么多花前月下、卿卿我我。他们最多的只是在林荫道下散步聊天，偶尔周末去看看电影，回来一起去吃碗馄饨。晚年，当他们回想起青葱岁月，居然想不起来，当初吃饭是谁买的单，只记得都是江浙一带的人，口味很一致。虽然没有一见钟情，但却也是两情相悦，不久后，他们就决定去拜见双方家长。双方家长似乎都很满意，特别是王淑君父母，对这位乘龙快婿十分满意。而陈翰馥也觉得二位老人留下的印象很好，认为他们忠厚、实在。

1963 年结婚照

他们是 1963 年 12 月结的婚。正赶上陈建功到北京参加第二届全国人大四次会议，于是，在民族饭店请了一桌酒席。来宾除陈翰馥的几位在京的表兄外，还请了数学所陈建功熟悉的几位友人，有张素诚、越民义，还有王淑君的老师刘源张。至于结婚时收到的礼物，除了两人家里给了点钱，王淑君亲戚送了一床锦面被子、一只熨斗，张素诚先生送了一个台灯，那台灯，令他们印象深刻，他们一直用了许多年。还有室里的同事，集体送了一本相册和一对景泰蓝。

结婚时暂借了 64 号家属楼的一间约 9 平方米的小屋，只能借一个月。一个月过后，就分别搬回自己的集体宿舍。这样过了大半年，到 1964 年 10 月就参加"四清"运动去了。1965 年底回来后，他们在 40 楼一处三居室的套房内分到其中的一间。这间屋大约 13 平方米。此后，他们在此一住就是十多年。

1966 年在上海与岳父母的首张合影

二、 事业家庭，默默奉献

不像传统的中国女性，留在家中相夫教子，结婚之后的王淑君，挑起了科研和家庭的两副重担，这是她们这一代知识女性的特点。比起科研战线上的许多男人，他们有更坚强的意志，承受着更大的压力，对家庭、对社会默默地奉献着自己的聪明才智！王淑君曾说，她一生的作品有三件：自己的科研事业、丈夫和儿子。李大钊撰写过一副名联："铁肩担道义，妙手著文章。"对王淑君她们而言，不妨改为："铁肩担事业，妙手理家政。"

结婚后的王淑君，依然没有放弃自己的理想。她工科出身，数学底子薄，就抓紧一切时间刻苦学习。她找到费勒的名著《概率论及其应用》的原文，对着字典，一点一点地学。由于她努力好学，所里的几个老先生都很喜欢她，其中包括被称为"中国管理之父"的刘源张院士(院士是之后评的)。王淑君原本就是分配到数学所当研究生的。此后，她就把刘源张当作自己的研究生导师，跟他学习质量管理。

"文化大革命"后的 20 世纪 80 年代初，正是百废待兴的时期。中国的许多企事业单位为了质量管理，都需要制定行业的国家标准。王淑君学质量管理，对国际标准的原理和一般准则都很熟悉。因而他们这批人成了香饽饽。加上自己的努力,王淑君很快与第四机械工业部(电子工业部)、第七机械工业部(航天工业部)等建立了合作关系,共同开展相关领域质量管理的研究。王淑君经常给他们讲质量管理的课,大家对她的课程很满意,夸她说:"她把一切都讲得很清楚。"相关研究多次获奖,她还因此申请到中国科学院5万元的科研基金,这在当时是很难申请到的。王淑君由于其出色的工作,不久就评上了研究员,并开始带研究生。

王淑君与导师刘源张先生

1964年陈翰馥与王淑君在中关村

王淑君的第二个作品是丈夫。是她对陈翰馥的全力支持才使陈翰馥在学术上获得巨大成功。毫无疑问,陈翰馥的"军功章"上有她的一半功劳。

陈翰馥本不善于做家务，结婚以后，依然是一心扑在业务上，无暇他顾。王淑君从小喜欢整洁，她虽然对丈夫日常生活中的"不拘小节"有意见，但能体谅丈夫，收拾房子等家务事都自己包了。

1968 年，他们有了孩子。此后，管教孩子就成了王淑君的专职，特别是当孩子小的时候，陈翰馥基本上就是个"甩手掌柜"。偶尔，王淑君出差在外，孩子一有什么事，陈翰馥就不知所措，不管多远，陈翰馥都会一个电话把她追回来。

1983 年，陈翰馥和所里另一个研究员被选为"第三梯队"。从此，他必须承担更多的行政工作。他每天早出晚归，家里的事就更顾不上了。1991年陈翰馥开始担任系统所副所长，1995—1998 年担任系统所所长。当时所领导的主要职责包括：职称评定、住房分配、评奖以及其他一些配给物品的分配等。这些事情无一不涉及每个职工的个人利益，不可能每个人的愿望都得到满足，因此，得不到满足的职工都会将矛头指向所领导。

这时，王淑君起了很大的作用，她不仅人缘好、社交能力强，而且善于言辞、与人沟通。很多时候，个别职工与陈翰馥的矛盾，都被她一一化解了。王淑君回忆说，有一次，一位科研人员因职称问题晚上登门，进门时怒气冲冲。陈翰馥知道所里已有决定，无法满足他的要求，于是听凭他怎么抱怨，一声不吭。王淑君端茶递水，细语开导。一整个晚上，那人被劝得没了脾气，告辞而去。直到人走了，陈翰馥还是徐庶进曹营 —— 一言不发。王淑君抱怨，陈翰馥说："他听你的。我一开口，他的火气还得大，如何是了？"

1985 年，陈翰馥评上了研究员，从那以后，他的国际学术交流越来越多，频繁出国。每回，他拍拍屁股，就放心走了，家里的一切，就都交给了王淑君。陈翰馥事后想起，也很感激，是王淑君里里外外一把手，把家里的事安排妥当，才让他没了后顾之忧。他特别提到，中国科学院开始评博士研究生导师那一次，他在海外，但又希望能申请。于是，王淑君全盘负责，所有填表、申请、情况介绍等，全由王淑君代办。最后，陈翰馥顺利入选。

改革开放初期，国外有些知名学者来访，陈翰馥因为学术水平高、外语好，常常被指定负责接待。那时候，因为条件差，每次接待外宾都很费劲，特别是如果要招待他们在家吃顿饭，那就全是王淑君的事了。王淑君还记得，1988 年，为招待 P. Caines 到家吃饭，他们临时把床拆掉，好安下一张大一点的饭桌。然后，头一天要去买菜、备料，第二天要自己做。这一切，都要由王淑君张罗。那次请客，还闹了一场乌龙：头一天好不容易买了一只甲鱼，放在冰箱里，不知是冰箱门没关严，还是甲鱼自己拱开的，第二天才发现，甲鱼居然逃走了，只好临时用别的菜补上。

陈翰馥对学术如痴似狂地入迷，是他成功的关键。但也因此，他对许多杂事，特别是家务事，无暇顾及。而正是王淑君任劳任怨，为他做好了一切后勤保障，才使他在学术科研的攀登上心无旁骛，勇往直前。

1972 年一家三口于紫竹院，聪明活泼的儿子为小家庭增添了无尽欢乐

王淑君的第三件作品是他们的儿子。陈鹤一是 1968 年出生的。孩子出生不久，陈翰馥就到湖北潜江"五七干校"农场去了。王淑君一个人一边工作一边带孩子。1969 年，她到北京东郊国棉一厂搞任务。从家到厂每次单趟就要两个小时车程，她每天早晨 3 点多钟起床，热好牛奶就往车站赶，要赶上厂里 6 点钟开始的天天读。白天孩子请人照看，下午 4 点半下班再往回赶，以接看小孩的班。

到孩子 3 岁的时候，王淑君也轮到上"五七干校"了，只好将孩子送到上海，请他外公、外婆带。也许是因为不在父母身边，陈鹤一从小独立性就很强。上了小学，每年暑假，他自己坐火车从上海回北京探亲。外公、外婆在上海将他送上火车，王淑君再到车站去接他。那时候，从上海到北京，要走一天一夜。每一次，王淑君都会早早地从看台看到趴在车窗的儿子。可有一次，直到客人都下光了，她还没见到儿子的身影，吓得她赶紧去找列车长。车长发动全车列车员去找，才在列车的一个犄角旮旯找到熟睡的他。原来他刚过天津就一路张望，快到北京时实在累了反倒睡着了。

陈鹤一从小就热心助人，有一回，他看同楼的一个科研人员在往楼上搬煤，就过去说："叔叔，我帮你搬吧。"虽然人家没让他帮忙，但这事却传开了，都说他懂事。他像个小大人，什么事都操心。他父亲回来，他常常会问："爸爸，你自行车锁了没有？"在火车上，他会坐在椅子边上，一直盯着架子上的行李。

也许是从小独立惯了，他喜欢我行我素。他虽然很聪明，但却对学习没兴趣。为了他的学习，王淑君没少花力气。有一次，王淑君上班前出了一堆习题，让他在家做。等她回家，只见所有的习题都给了正确答案，却不见算法。她很吃惊，追问下才知道，他找到了她出题的书，把书后面的正确答案抄了一遍，就跑出去玩了……他经常会有这种"取巧"的办法，有一次，学校组织同学打苍蝇，结果，他把同学们打的苍蝇装到一个火柴盒，交给老师就完事了。

像许多男孩子一样，他也很淘气。上初中时，他曾和几个同学一起，拿气枪到池塘打蝌蚪，结果气枪被公安局扣了。陈翰馥听说这事，不知如何是好。一着急，就给王淑君打电话。王淑君此时正在杭州开会，听说家里"后院起火"，只好匆匆交代一下，立马赶了回来。

初中毕业的时候，他想不念书了，去当汽车司机。王淑君好说歹说，才让他回心转意。为了培养他的学习兴趣，王淑君花了许多时间陪他。他喜欢打乒乓球，她就陪他在家里小桌子上打。看一会儿书，打一会儿球、再看书，再打球，这样，看书、休息两不误。

大学毕业后，陈鹤一经考核，被计算所录用，去机房主攻电路板的计算机辅助设计。陈翰馥和王淑君并不因为家庭条件好，他又是独子，就对他溺爱。他发工资后，要他每月交 20 元伙食费，让他形成自食其力、不依赖父母的好习惯。1994 年中国出现了下海潮，凭着敏锐的洞察力和敢闯的本性，陈鹤一决心辞职下海。他先和父亲商量，陈翰馥想起当年他父亲给他的建议，略加思考后就同意了。拿了父亲的"尚方宝剑"，陈鹤一再去找他的妈妈。王淑君虽然对"铁饭碗"有所不舍，但鉴于他父子俩的态度，也就不反对了。

带着父亲跑，1985 年，北京

陈鹤一是有心人，在公司干了两年，他认真学习公司的运作，同时广交人脉。两年后，他决心自己办公司，其实，这才是他辞职下海的初心。这次，不仅他父亲不反对，王淑君更是全力支持，她帮儿子找公司地点，找联系人等，尽力为儿子创造条件。至今，陈鹤一的事业十分成功，他的公司效益很好，生意越做越大，在上海、深圳都有他的分公司。他赶上了好时候，凭着他的意志和能力，他成了站在时代潮流风口浪尖上的弄潮儿!

鸟枪换炮，2010 年，北京

寸草春晖，陈鹤一事业有成之后，一直尽力孝敬父母。2006 年，他首次为父母买了一套紫竹院边的水景房。后来，在 2013 年又换成一套更大一点的住宅。就在这一年，他还为父母安排了一个富有诗意的金婚庆典，他匠心独具的构思和尽善尽美的安排，不仅让其父母心悦意爽，也让所有参会的学生、同人、亲朋好友赞不绝口。

2016 年全家于夏威夷合影

三、 一家人的心里话

想听听陈翰馥一家人的心里话，我们分别对陈翰馥、王淑君和陈鹤一做了访谈。以下是他们自己的话。

● 陈翰馥谈科研人生：

问：你觉得家庭对你的影响大吗？主要影响有哪些？

答：家庭对我的影响还是很大的，特别是我父亲，他对我学术成长影响较大。父亲的书籍、父亲来往的数学朋友和他们的谈话、父亲对我的言传身教，这些都让我从小喜欢上数学。实际上，从小父亲对我的管教并不多，只对我敲打过一两次。比如小时候不知上进，学习成绩不好，父亲的敲打让我顿时醒悟。父亲无论对我或对其他孩子都不会干涉太多，给我们更多的自由，让我们在学习、生活上能够根据自己的兴趣爱好，做自己的选择。

家庭的另一个重要影响是怎样做人。父亲为人正派，一生讲真话，做事光明磊落。举一个例子：那还是"七七事变"爆发前，一次，父亲回绍兴，一天，来个商人，找到我爷爷，说他儿子因走私被捕，要我父亲跟贺县长求情放了他儿子，他愿意送上两三万大洋。贺县长曾是我父亲的学生，这商人以为找对了门。谁知此事被我爷爷一口拒绝，说："业成（指陈建功）不会干！"那商人落了个没趣，一边往外走一边嘀咕："书呆子！"

2013 年陈建功诞辰 120 周年纪念活动，陈建功后人和他的部分学生合影
夏道行 (右三)、石钟慈 (右五)、越民义 (右六)、石钟慈夫人 (左二)

还有一件事：苏步青是我父亲的学弟，当时都在日本仙台的东北大学攻博。我父亲回国前曾跟苏步青说好，让他回来后也到国立浙江大学。两年后苏步青回国，我父亲立即将系主任的位置让给苏步青，说苏步青行政能力强，而自己对行政没有兴趣。

我的继母朱良璧，曾经是杭州大学数学系讲师。她学术水平很不错，曾在 *Annals of Mathematics* [①] 上发表过两篇文章。但当时我父亲在杭州大学担任副校长，他说，家里孩子多，要照顾，坚持让继母将升副教授的

---

① *Annals of Mathematics*、*Inventiones Mathematicae*、*Acta Mathematica*、*Journal of AMS*，被称为国际四大顶尖数学杂志。截至 1998 年，国内学者在其上共发表过 28 篇论文，其中在国内独立完成的仅 10 篇。因此，有人说，在这四大杂志上发一篇论文就可以当院士了。

名额让给别人。

1997 年偕夫人王淑君到杭州看望继母，与来访的谷超豪、胡和生夫妇合影

1997 年于杭州大学与夫人王淑君合影

父亲的这些为人之道也深深影响了我，使我做事总求问心无愧。

父亲的政治立场是很鲜明的。苏步青的妻子是日本人，1949 年新中国成立时，苏步青曾想将妻儿送到台湾去。他征求我父亲的意见，我父亲建议他不要送。苏步青最后接受了他的建议。这些也影响了我。

父亲有正义感、爱才、不随便跟风。他有个学生叫张鸣墉，学习成绩好，是他的得意门生，后来被错划成右派，分配到福建。此后，他每次到杭州，都会来看我父亲。我父亲都会请他吃饭，只是不让他多喝酒，以免说错话。我觉得自己身上也有父亲的这些影子。

问：作为一位杰出的科学家，你对做学问与从事科研有什么体会？

答：一个人要做好一件事情，兴趣与爱好是至关重要的。你有兴趣，把一件事情做好了，就会自己激励自己，越做越好！我们那个时代，学习的专业是国家统一分配的。现在的年轻人，有选择的自由，一定要注意选择你感兴趣的，或者你有优势的专业，这对你的成长最有利。

说到做研究，兴趣可能就更重要了。做研究和找工作不一样，需要激情，要激发起自己的创造性，否则做不出有价值的工作；没有兴趣你就钻不进去，这样是无法发现新事物的。我留学初期在列宁格勒水运工程学院时就有这种感觉，特别是像"港口"这样的课程，对我来说味同嚼蜡，使不上劲。

当然，除了兴趣还有需求，这时就需要有毅力。譬如外语，我中学时偏科，数理化成绩很好，但文科一般，特别是外语，当时学英语，我一直提不起兴趣。后来要到苏联留学，不得不学俄语，只好全力以赴。当时在北京进修俄语，我父亲来北京开会，我还问过他："花这么多时间学外语值得吗？"他告诉我："外语对科研很重要，学好一门外语，就等于打开了一扇知识的大门。"

改革开放以后，我又努力学英语，每天早晚听灵格风的英语录音带。那时虽然已不年轻，但凭着自己的意志力，最终把英语听力搞了上去。其实，俄语和英语虽然是两个语系，但其中还是有许多联系的。例如，俄语严谨，语法复杂，受其影响，我学英语，总把语法记在心里，这样，写出来的东西就不容易错。

问：当年你是小留学生，你对出国留学怎么看？

答：留学的好处还是很多的。首先，你可以学好一门外语。在国外学外语，同时可以学到许多人文知识，这样的外语是活的。其次，这有助于你开阔眼界，了解了外部世界，对你将来事业的发展有百利而无一弊。最后，一些发达国家，包括俄罗斯，它们对基础知识的训练比较严格、规范。这样，可以帮你打下一个扎实的专业基础，将来不管干什么，即使是转专业，也容易适应。

问：你觉得刚开始从事科研的年轻人，应该如何选择科研题目？

答：我觉得年轻人做科研，先从容易的题目开始。一开始就想做大题目是不切实际的，你可能根本不知从何下手。年轻人刚开始做科研时，学到如何做科研的方法可能比得到的科研成果更重要。当然，选题应尽量选择有发展前途的题目，这样，便于进一步扩大成果。不过，这在很大程度上依赖于导师的指点，学生自己很难看得很远。

譬如，我研究的一个重心是随机逼近算法，这个题目始于20世纪50年代，其核心是求函数的根。这个课题涉及许多方面，包括参数线性函数的根、优化、分析误差。我们提出了许多有效的方法，如扩张截尾等。它用处很大，可以用到非线性系统参数估计、信号处理等，自适应控制也可以用这个方法做。

问：在个人和团队的科研方向上，你有什么看法？

答：对每个人而言，在科研中都会遇到广和深的矛盾。广有广的好处，不同的知识体系之间可以互相启发，以求融会贯通。但当今世界由于知识的快速增长，太广了可能流于皮毛，因此，实际上是做不到的。也许是由于自己能力有限，我比较专注于自己选定的一两个重要问题。在选题上我很佩服吴文俊先生，他很聪明，从拓扑不变量到机器证明，他抓的研究课题既有前沿性又有很强的可行性。

对于团队，要有全局观。既要注重基本方向的坚持，又要关注学科的前沿动态。这一点关先生对我的影响很大，关先生有很强的国际视野，同时又强调立足中国。我现在年龄大了，除了自己的老方向，也还关注学科其他发展方向。对于室里的发展，除了自己熟悉的方向，其他方向也要鼓励。实验室的发展，是自己一生的事业，割舍不下。现在有危机感，希望年轻人能尽快成长。队伍建设很重要，不要搞近亲繁殖，但也不能绝对化，还是需要一个方向较为一致的团队，才有利于科研攻坚。

科研离不开人才，20世纪90年代刘延东到中国科学院调研，我曾向她反映过，不要让优秀的科研人才去做行政工作，这是一种人才浪费，我至今仍然坚持这个观点。

问：有人说知识分子"文人相轻"，很难相处。你怎么看？

答：其实，科研人员之间的合作对于重大科学发现是很重要的。历史上许多重大科学进步是在科学家的思想碰撞之后产生的。科研的合作需要坦诚,特别是资深科研人员要有人梯精神。这方面关 (肇直) 先生做了很好的榜样,他对年轻人的提携帮助是真诚而无私的,不计个人名利,甘做无名英雄。另外,作为科研团队中的领军人物,要胸襟坦荡,在学术评价中要公平公正,不怀私心,不受亲疏好恶的影响。

问:闲暇的时间,你喜欢看什么小说?

答:我喜欢看金庸写的武侠小说,那是成年人的童话,可以让头脑放松一下。另外,金庸小说历史背景比较强,我对历史比较感兴趣。我喜欢看一些报纸杂志,对有关政治历史的旧闻、名人逸事感兴趣,所以,我特别喜欢《作家文摘》。我相信改革开放是一条正确的道路,今天的生活和几十年前相比,不知改善了多少。

● 王淑君谈家庭婚姻:

2018 年 5 月 25 日,五月的北京,初夏,风和日丽、天气宜人。那天,我们应约前往陈翰馥家采访王淑君。王淑君开朗健谈,我们刚落座,未及开口,她就打开了话匣子:"今天咱们就是聊家常,我想到哪儿就说到哪儿。你们也别记,记了我紧张。"

问:对于陈翰馥的成功,您起了什么作用?

答:你在文章中说:"每一个成功男人的背后都有一个伟大的女人。"其实,我观察了许多,并不以为然。我觉得应该说:"每一个成功男人的背后都需要一个默默奉献的女人。"如果没有,那么,他的生活就可能一团糟,进而他的事业也会受到影响。一次吃饭聊天,何毓琦[①]对我们说,根据他自身的经历,他对年轻人的一个忠告就是:"找一位好太太。"他的说法有一定道理。造物主是公平的,他不肯造一个十全十美的人。尺有所短,寸有所长,一个事业型的男人,他多半在其他方面会有缺陷,而一个默默奉献的妻子,会为他弥补缺陷。

就拿陈翰馥来说吧,你们说了他那么多优点,这也好,那也好,可在我看来,他的缺点一点不比别人少。他对事业很投入,对学术很专注,这是他的最大优点。他还有一些优点,例如,涵养比较高,我有时发脾气时他能忍住,不会当场针尖对麦芒地吵起来,但几天后可能会来个秋后算账。

---

① 何毓琦,美国哈佛大学教授、美国工程院院士、中国科学院外籍院士。

他的最大缺点是不善言谈，或者说，胶柱鼓瑟 —— 不知变通。家庭生活中其实没有那么多原则，有时一句好话就能暖人心。可他就不，还跟研究学术问题一样，一是一、二是二，一句客气话都不肯说，难听话倒有一箩筐。在接人待物方面他也不擅长，如果不是我经常提醒他，他会得罪许多人。他不够风趣，不爱凑热闹，多少有点不合群。例如，他唱歌其实是不错的，可在室里他从来不肯唱。问他原因，他就说："我不要出洋相。"再看看他的抽屉，从牙签到文件，什么都有，乱七八糟，像摆地摊。平常，东西也是随手乱放，没有整洁的好习惯。冬天天冷了，就问："我的手套在哪里？"夏天想游泳了，就问："我的游泳裤在哪里？"

有一本书中说过："其实每一个成功的女人背后也有一个同样伟大的男人。因为懂得和尊重一个人，所以不会将她禁锢在方寸之间，让她湮灭在柴火油盐之中，而是给她翅膀，愿她飞向更高、更广阔的天际。"我上中学时还不懂事，上大学后开始用功，大学成绩还是很好的，这才分到中国科学院。刚来的时候，一心想当数学家。后来，跟刘源张学质量管理，觉得有兴趣。"文化大革命"后，有机会跟刘源张一起到中国管理协会工作。那里条件好，自己也很喜欢那种工作环境。但是，工作非常辛苦，没办法照顾家庭。为了家庭和儿子，也为了给陈翰馥创造一点机会，我几经犹豫，最后还是选择放弃，回所工作并尽心管好这个家。

现在想起来，当时如果坚持下去，自己的名气肯定会比现在大得多，但究竟能对中国的质量管理起多大作用，自己也不敢说。人生的道路，有时也不能完全由自己选择。我不敢说无怨无悔，但今天回想起来，当年的选择应该还是对的。陈翰馥的成功中无疑包含着我的努力，而我也确实从中得到了好处。今天的生活，从房子到受人尊敬的程度，应该说都与他有关。

问：你当年是怎么选上陈翰馥的？

答：其实我们当年的结合很简单，几乎没怎么谈过恋爱。我刚到所里时，所里有十几位大致同龄的年轻小伙子，其中好几位都对我有好感，有的甚至十分殷勤地讨好我。认识陈翰馥后，我对他有好感。首先他人老实，学习很努力，不像有些人，一看就是滑头。其次，他是学数学的，父亲又是数学家，而我当时也幻想当数学家。再者，他家庭没问题，这也很关键。

因为在当时，家庭出身是很重要的。陈翰馥不是一个爱出风头的人，但在这些年轻人里他还是很突出的：不仅是业务好，而且，当时我们这些大学毕业生工资都是五十六元，他留苏回来，工资高一级，六十二元。我们俩交往，也就是周末一起看看电影、吃顿饭，远没有现在年轻人的浪漫劲儿。结婚的时候，更不需要有房有车。借一间小屋，两人把被褥搬到一起，请大伙儿吃几块喜糖，就算结婚了。

问：你们俩有没有过闹矛盾的时候？

答：当然有，他是个事业心很强的人。结婚以后还是把一门心思都放在做学问、搞科研上。家务事基本上都是我的事。他又不会哄人，自己曾经觉得很委屈。特别是有了儿子之后，我又要工作又要带孩子，压力很大。尤为困难的是"文化大革命"时期，陈翰馥到河南"五七干校"，我每天早上 3 点钟就得起床，给孩子热好奶，就去赶公交车，参加厂里 6 点钟开始的天天读。那时候真有点坚持不下去了，写信跟陈翰馥诉苦，他既没办法也不会安慰几句，于是，难免产生对他的抱怨情绪。

如果说陈翰馥的父亲对他的学术道路有很大影响的话，那么，我父亲对我们家的帮助也是值得一书的。我父亲原是银行的高级职员，当我们拿每月 56 元的工资时，他的工资是 390 元。"文化大革命"中他被打成"资本家的走狗"，家里的存款冻结，金子上交，"文化大革命"后全部退还了，不过金子被折成人民币归还，一两一百元。

父亲经常给我写信，常常是上封回信还没收到，下封信又已寄出。我至今保存着一大箱子父亲的来信，将来有机会应该好好整理整理。我但凡有什么烦心事，特别是家庭矛盾，都会向父亲倾诉。父亲每次来信都是开导我，特别是要我理解和体谅陈翰馥。他对我说，男人有事业心是好的，要支持他；还说，要理解他，他从小没在父母身边长大，缺少母爱，难免有些孤僻，要我给他更多的关爱。父亲的这些嘱咐成了我精神的支柱，让我渡过了许多难关。

"文化大革命"刚结束的时候，我们家经济还是比较紧张的。此时，父亲得到许多退回的存款，两次从上海跑到北京，给我们送钱来，这成了我们家第一笔存款。其后，陈翰馥到加拿大工作了一年多，带回了一笔美元，这是我们家第二笔存款。此后，我们家就有存款了。

1997 年和岳父在上海家中合影

问：陈翰馥最让你感动的一件事是什么？

答：2001—2002 年，我因腰椎间盘突出走不了路，只能长期卧床。开始，都是陈翰馥照顾我。一天，他告诉我，根据以前签下的合同，他要到香港科技大学给研究生讲一年课。我当然不希望他去，但他认为签了合同就应该守约。后来，请了我哥哥来照顾我。陈翰馥从香港回来的时候，买了一把精致的轮椅回来，我当时就哭了，怕下半辈子都要在轮椅上度过了。当时，香港科技大学的一位教授，也是同样的病，曾在美国做了手术，效果不错。

2003 年于杭州家庭聚会

去美国做这个手术要自费。美国医疗费用很高，如果去，就要花上家里的全部储蓄。当时我拿不定主意，儿子也有点犹豫，但陈翰馥很坚定，他说："去，我陪你去，把腰治好，就是倾家荡产也值。"这件事令我感动，也让我明白了一个道理：每个人表达爱的形式是不一样的，要学会理解别人，自己的心态很重要。

陈氏兄妹大家庭与夫人王淑君的兄长一家齐聚一堂

问：都说你们家是个模范家庭，你觉得你们家有什么与众不同的地方？

答：其实，我并不觉得我们家有多少与众不同之处。我们家三代人相处得比较融洽，也许同我们互相交流比较多有关。我们家不管谁外出，走前都会打个招呼；到了目的地，第一件事就是互相报个平安。这让大家少了许多不必要的牵挂。其次，家里人之间说话做事都比较礼貌，这其实是一种修养的表现。老陈早年留学苏联，后来出国也很多，或许受到的文明教育比较多，待人接物还是彬彬有礼的。儿子受影响，在家也不会乱发脾气，在家里相互间都好好说话。互相尊重为营造家庭的和睦气氛创造了前提条件。

要想一家人和睦相处，理解是很重要的，要多设身处地地为他人着想。例如，陈翰馥和我是南方人，儿媳妇李炜是北方人，我们现在一周两次到儿子家吃饭。李炜总是尽量为我们做我们喜欢的南方菜，但她的确不太会做，做不出我们习惯的口味。于是，每次去之前，都会相互提醒，一定不要挑毛病、评头论足。也许，正是这种包容，为我们家增添了许多和谐。

陈翰馥对我说过："我们年纪大了，要多一点自知之明，儿子家的事情要退出，让他们自己决定。凡事对别人不要要求太高，多看别人优点，缺点要多包容点。"随着年龄的增长，在待人处世方面，他也变得睿智起来了。

● 陈鹤一谈父母与成长：

问：你觉得你父亲是怎样一个人？

答：长年在父亲身边长大，父亲从不炫耀自己的工作。因此，在我眼里，只觉得他和别人的父亲差不多，爱家、爱自己的孩子。有时是个严父，有时又很慈祥……。但如果仔细回忆起来，父亲确实有一些与众不同的地方。

首先，父亲治学严谨，工作认真。我上中学的时候，我们一家三口，住在 40 楼的一个十几平方米的小房间。我一般晚上八九点钟就睡觉了，但半夜醒来，常看见父亲还在伏案工作，或在沉思，或在疾书。为了不影响我们睡觉，他总是把台灯调暗，有时还用书挡住光线……。后来，我们没有住在一起，但即使是旅途中或打球锻炼的时候，他如果突然有了什么新想法，也会立即停下手中的事，回到书桌前，写写画画地忙碌起来。

其次，父亲在生活上十分自律。平常他总是早起，做做操。这个习惯他坚持了几十年，即使是旅游在外，也从不间断。又比如游泳，他每周四天，长期坚持。这一点我就做不到。我喜欢打球，但一个人去游泳，其实是一件很枯燥的事情。20 世纪 80 年代，他几次出国访学，为了国家的尊严，他不肯住太寒酸的地方。但他自己的生活还是很节俭的，他一个人住，还是坚持自己做饭。后来生活条件好了，但他仍然生活简朴，从不铺张浪费。

再次，他善于动脑筋，有主见，从不人云亦云。我 20 世纪 90 年代买了一套投资性房子，到 2003 年，房价已涨到原价的三倍左右。这时，我对北京、上海等大城市的房价走向很关心。一次得便，就同父亲聊起房价。父亲走南闯北，到过三十多个国家，眼界开阔。他帮我分析说：据他观察，香港、东京、首尔等周边大城市的房价仍比北京高不少，依中国经济增长和北京国际化的形势，北京房价仍然有很大增长空间。我属于投资风险保守型，但父亲的分析让我有了信心。此后，我又买了几套房子，投资都很成功。

最后，我父亲还有一个特点，就是喜欢尝试新事物。只要没去过的地方他总是想去；没有见过的事物，总想去看看；没有吃过的食物，总想尝尝。开车也是这样，他已经过了六十岁，但听说可以考驾照，就立即报名上了驾校，一个多月后就拿到了驾照，还上过高速公路。七十多岁了还想打高尔夫球，跟我一起去打过几次。

问：你觉得你父亲对你影响最大的是什么？

答：首先是沉稳，父亲自制能力很强，遇事冷静，应对从容。这一点对我影响很大，我在工作或生活中遇到一些偶发事件时，比较能忍，不像一些年轻人容易冲动。我想爆发的时候，头脑里常常会出现父亲的形象，于是，很快就会冷静下来。这也许就是榜样的力量吧，它让我在工作中受益匪浅，多次转危为安。

其次是坚持，不管什么事，只要父亲认准的，就一定会持之以恒。工作上是这样，日常生活中也是这样。我下海经商，父亲是支持的，这过程中，遇到困难的时候，他总能给我鼓励和力所能及的帮助。例如我刚开始自己创业时，租了一个仓库，那时缺少资金，凡事都要自己干。这时父亲已经是院士了，但有时来货急，他会帮我搬运货物。这些对我影响很大：无论在工作或生活中，我的耐压能力都比较强，遇到困难，总是设法克服，不轻言放弃。

问：还有哪些往事让你记忆深刻？

答：父亲有很强的好奇心，这一点他终生不改，至今还是如此。我们每次出去旅游，他总是拉着导游问个不停。从地理、历史到人文、民俗，没有他不感兴趣的。他到哪儿都喜欢参观博物馆，到了博物馆也会向讲解员问个不停，许多讲解员都会被他问倒。

问：是这样，参观实验室或工厂时他也如此，甚至连仪器或装置的工作原理也要问得一清二楚，有时还会当场和主办方讨论，给人一些有益的建议……

答：其实，父亲不是一个刻板单调的人，他有许多生活乐趣。就拿做饭来说吧，虽然我母亲不承认，但其实，他做的菜比我母亲做的菜好吃。他有几个拿手好菜：红烧牛肉、葱烤鲫鱼、清炒虾仁、白斩鸡……

问：是的，早年室里会餐，他的红烧牛肉还得过金勺奖，被称为"陈氏牛肉"。

答：他还教过我做菜。他说："菜要做得可口，还要兼顾色、香、味，就一定要动脑筋。就拿清炒虾仁来说吧，要想炒出的虾仁香脆，火候是最重要的。这是讲不清楚的，一定要自己用心琢磨。要想味道可口，佐料怎么配是关键。一千个人一千个口味，只有自己知道。"

又比如打乒乓球，这个爱好，他坚持了几十年。直到现在，几乎每个周末，或者出去旅行，只要有机会，我们都会打上几盘。我小学的时候，他就教我打球。那时候，我老吃他的发球。后来，很长一段时间，我总是输家。当然，随着年龄的增长，此消彼长。到他六十多岁的时候，我俩水平已不相上下。但想要战胜他，还很困难。直到十年前，我请了一个专业陪练，既为健身，也着实提高了水平。此后再战，我才占了上风。

问：你们家是一个很让人羡慕的和睦家庭，你以为原因何在呢？

答：我是家里的独生子，父母疼爱我，我长大后深感孝敬父母是我责无旁贷的义务，这也许是我们家和谐的基础。当然，一家人总难免有磕磕碰碰的时候，特别是婆媳关系，有时也会有矛盾。好在我妈和李炜（我太太）都受过高等教育，两人都比较有教养，特别是我母亲，作为长辈，凡事多有包容忍让，才使关系越来越融洽。她们俩有什么事都不会当面冲突，而是跟我说。而我，则是尽量"和稀泥"。

1996年我买了一套华府的大房子，希望父母搬过来跟我们一起住。开始，只是周末他俩来。很快，就出现矛盾。我父亲习惯早起，七点钟就起来了，他顺手就将全家人的早饭都做好了。李炜和孩子忙了一星期，周末就想多睡一会儿，到九点来钟才起来。我母亲看不惯，说不早起做饭也就罢了，公公做好饭还不起来吃，有点过分了。再有，为了衣服干得快，李炜习惯把衣服晾在客厅、阳台，到处都是。我妈看不惯，说客厅晾衣服，客人来了不好看。这些琐事，传到我耳中，一边是我母亲，一边是我太太，我自然只能两边说好话，"和稀泥"。后来我就意识到，住在一起不是好主意。于是，以孝敬父母为名，在华府为父母又买了一套住房，既方便就近照顾，又能让大家都有自由的空间。

我妈其实挺仗义的，有时宁愿牺牲自己也要帮助别人。她对我爸很照顾，前几年我爸住院，她在医院陪了二十多天，直到出院。我妈好强，像我外公，脾气大，家里的事总希望自己说了算。我妈发脾气的时候，我爸多半能忍住，等过几天再"秋后算账"。我爸的缺点是不善言辞，还一根筋，不懂变通，把生活当工作似的，一是一、二是二。其实，生活中哪有那么多原则？我妈费劲巴拉做的事，好不好，你都说个好，我妈就高兴了，可他就不会。

2008 年和儿子一家共贺乔迁之喜、享天伦之乐

问：最后，讲讲你自己的故事吧。

答：我小的时候很顽皮，不喜欢学习。那时，我特别贪玩，别的同学玩一会儿就去做功课了，而我是跟这几个同学玩完了又跟那几个同学玩。特别是中午踢球，踢完球上课犯困，怎么也睁不开眼睛。初中升高中时，分快慢班，我被分到快班。凭我的成绩上不了快班。我去问老师，老师说："教研组的老师觉得你聪明、有潜力，决定给你个机会。"

从小到大，我妈没打过我，就我爸打过我一回。那是小学四年级的时候，我跟邻居的小孩一起，偷偷抽烟被发现了。其实，我后来上中学时也跟同学抽过烟，只是感觉不舒服才不抽的，跟小时候挨打没关系。

我小的时候喜欢扑克牌，特别是看我爸打桥牌，很想学，但我爸怕影响我学习，不让我玩。那还是小学的时候，正好我父母出差，外婆在家照顾我，但她管不住我。有一天，我弄到一本《桥牌入门》，就带到学校，上午四堂课，偷偷看了一上午，下午就把几位同学约到家里，教他们打桥牌。

后来上了瘾，还曾幻想当职业牌手。父亲一直反对我打牌，直到我自己开公司后，我才成了他的牌友。

我大学毕业后到中国科学院计算所工作，捧上了"铁饭碗"。1993 年打算下海，我妈不大同意，我爸却很支持。这也许符合他敢于尝试新事物的勇气和信念。我下海后到了一个电子公司，那个公司搞软件也搞设备，卖的设备是从瑞士进口的。设备在使用一段时间后就要进行调校，那时调校要瑞士派人，不但要排队等人，而且人来后工时费一小时几万元。为节约成本费，老板向瑞士方面提出：能否我们自己做检测？经瑞士方面同意后，老板带我去学调校。经两个多星期的培训，我掌握了调校技术，拿到调校许可证。

1996 年，电子公司的老板想转去开工厂，但河北的一家私企买了这家公司的设备，当时正需要调校。我利用周末时间帮他们调校了一次，老板很满意，给了我几千块钱，我没要。老板看我实诚，建议他儿子跟我一起做生意。我在原公司时认识了几位香港和台湾的卖家，他们愿意先交货，后付款。同时，我又有包括河北这家私企在内的几户买家，这样，就白手起家办起了公司。做了几年，那位合伙人另有打算，就将他的股份卖给了我，于是，我有了完全属于自己的公司。我想，除了幸运，是我传承的家门的诚信，帮我走上了成功之路。

四、 翰墨郁馥，淑然如君

2013 年 1 月 23 号下午，周末的北京，阳光将秋之异彩洒满一地。此时，一辆敞篷宝马跑车缓缓驶出中关村红楼。车的前盖上放置着一大簇鲜花，花枝在扑面的秋风中招展。开车的司机身着黑色西服，配上白色的衬衣和鲜红的蝴蝶结，显得喜庆而庄重。他就是陈翰馥，手握方向盘，目视远方，精神矍铄，淡定的平和中透着自信。旁边坐着王淑君，一袭深色裘皮外套，蜷曲的花白头发配上一副金色边框的眼镜，显得端庄优雅，眉宇间难掩当年的雍容洒脱和今日洋溢着的幸福。

车子沿着四环东行，渐渐接近了目的地 —— 盘古七星酒楼。他们被迎上了酒楼的观景顶层 —— 乐满堂，在这里将举行他们的金婚庆典。来宾们陆续到达，来者都是他们的亲朋好友、同事和学生，没有达官贵人，这或许是折射了他们学者型的不争无求、淡泊宁静的生活基调。这里是当年奥林匹克赛会的中心地带，透过四周的大玻璃墙面，大家鸟瞰周边的水立方、鸟巢，还有周边那鳞次栉比的高楼大厦和纵横交错的井然街巷。在一片欢声笑语中来宾们还不忘轮番与两位金婚老人合影留念。

自驾跑车抵达金婚庆典会场

2013 年金婚纪念照 —— 五十年风雨情

天色渐渐暗了下来，窗外华灯初放，张纪峰走上讲台，他今晚主持金婚庆典。以下是他的开幕词。

"尊敬的各位来宾、各位亲朋好友，大家晚上好！

"金秋的北京，洋溢着丰收的喜悦。在这个美好的夜晚，我们欢聚在盘古七星大酒店 21 层乐满堂，来共同见证一场萌发于五十年前的爱情，在同沐风雨、相濡以沫之后迎来的这霞光满天的夕阳红，这岁月情深的金婚之喜。

"我是 28 年前有幸成为陈翰馥老师的学生的。此时此刻，我无比激动，能够主持我的恩师和师母的金婚庆典，我感到无比荣幸！现在，我宣布'陈翰馥先生、王淑君女士金婚庆典'开始！

"首先，请大家用最热烈的掌声欢迎今天的主角，陈翰馥先生和王淑君女士两位金婚老人闪亮登场！"

此时，乐满堂中央，他们的小孙女佳佳弹起了欢乐的钢琴小曲。乐曲声中，舞台的探照灯聚焦在两侧的扶梯，陈翰馥和王淑君分别由他们的儿子和儿媳妇搀扶着，从两旁的扶梯缓缓而下，颇有神仙下凡之态。

待他们就座后，张纪峰介绍下一个节目："五十年岁月如歌，用情演绎，点滴中谱就经典，奏响人间大爱。五十年日月穿梭，用心记忆，光影中定格永恒，记录精彩无限。接下来，让我们与两位金婚老人一起，重温这五十年的如歌岁月，重听这五十年的欢声笑语。"

接着，大屏幕播放制作精良的视频：《翰墨郁馥，淑然如君 —— 风雨同行五十载，相濡以沫爱如歌》。视频用许多织缀成序的新老照片为我们回顾了两位老人五十年栉风沐雨、砥砺奋进的历程：我们似乎访问了 20 世纪 50 年代的列宁格勒，重回了 60 年代的中关村，然后是"文化大革命"、科学春天、改革开放……。伴随着历史变幻的风云、祖国前行的脚步，当年的英俊小伙、漂亮姑娘携手塑造爱情、事业、家庭、人生的美好故事，一步步成长为教授、院士，成为国家的栋梁之才。

正如张纪峰概括的："看着这些熟悉的画面，追忆曾经难忘的瞬间，让人倍感温馨。执子之手，与子白头。两位老人一起走过五十年风雨岁月，酿造出今天的幸福、今天的辉煌。我想此时此刻，最激动的当属两位金婚老人。"

接下来是金婚老人陈翰馥、王淑君讲话。他们讲述了五十年的不寻常的经历和对生活、对人生的许多精辟见解。感人至深，几番催人泪下。(这些精彩发言均附文后，这里就不多费笔墨了。)

张纪峰接着介绍陈翰馥温馨的家庭并请出公子陈鹤一："父慈子孝桑榆乐，伉俪偕老子孙贤。五十年来，两位老人用爱经营着自己的幸福，打造了一个儿孙绕膝、其乐融融的温馨家园。孝顺的儿子、儿媳在这个特殊的日子，有许多知心的话儿要说。现在，我们请两位金婚老人的公子陈鹤一发言！"

陈鹤一发言之后，张纪峰转入重头节目："辛勤耕耘五十载，满园桃李齐盛开。五十年来，两位老师教书诲人不倦、科研一丝不苟、待人真诚热情。今晚到场的有两位老人的家人、朋友、同事，还有很多学生代表。接下来有请他们上台发言。"

先后登台的有：陈翰馥老师的表兄王耆先生、两位金婚老人的老朋友秦化淑教授；陈老师的大弟子郭雷院士、其他弟子张纪峰太太张爱玲、清华大学教授罗贵明、航天五院教授李勇、北京工商大学教授曹显兵；控制界同行代表、时任北京理工大学校长助理陈杰教授。最后，由洪奕光主任代表中国科学院系统控制重点实验室感谢陈翰馥多年呕心沥血，为实验室成长壮大所做出的杰出贡献。之后，他将实验室精心制作的一本纪念影集送给陈老师和王老师。还特别请沈源读了纪念册的前言 —— "寄语金婚"。

"只有金秋时节的盈仓硕果，才是一年到头辛勤耕耘的见证；只有金婚时节的呢喃淡定①，才是青春岁月山盟海誓的颂歌。当年的薄祚寒门，你们无怨无悔；到如今功成名就，你们依然谦谨如初。一位法国作家说过：'真正的爱情犹如精灵，大家都在谈论它，但是很少人见过它。'我们是幸运的一群 —— 你们二人让我们见识了这种真爱无垠！

2013 年控制室同事贺金婚纪念册

---

① 呢喃淡定："呢喃"指王淑君喜欢唠叨，"淡定"指陈翰馥听了不急不躁。

"您是我们的领头人，也是我们大家庭的一员。数十年的岁月，我们一起度过。在那潜心钻研的书斋课堂，也在那峰峦叠翠的山间，或是波光潋滟的水泽，那里有过面红耳赤的探讨争执，也有那语笑喧阗的欢乐时光。我们将这本掠影献给您，它摄录下我们曾经走过的路。有欢乐的瞬间、激动的片刻；还有难以言传的人生百态。请收下这份礼物吧，它承载着我们对您的爱。"

秦化淑的发言、郭雷等学生出自肺腑的心声，情真意切、令人感慨。这些，也都留在后面的附录中。

随后，金婚晚宴开始。张纪峰举杯祝酒："五十年的婚姻，两位老人相敬如宾、同甘共苦，用信任践行对彼此的承诺，一起谱就这首爱的赞歌，回音嘹亮、响彻心房、涌动着动人的旋律。五十年的岁月，两位老人相濡以沫、风雨同舟，视四季轮回为生命的历练，共同抚育这朵爱的玫瑰，花开娇艳、历久弥新，散发出迷人的芬芳。两位老人五十年的婚姻，像金子般珍贵，不仅幸福着自己，更感染着后辈，是我们学习的榜样。

"今晚让我们共同举杯，庆贺两位老人的金婚之喜，愿他们的爱情甜甜蜜蜜、长长久久！让我们共同举杯，送上我们心底最真诚的祝福，愿两位老人身体康健、幸福满满！"

……

庆典结束的时候，大家依依不舍地离开乐满堂。此时，玻璃墙外灯火阑珊处，鸟巢透过纵横交错的钢盔铁甲，通体散发着暗红色的光，像一座不肯休息的古城堡；水立方满布淡蓝色水泡的外墙晶莹剔透，仿佛一汪清水即将喷出。整个北京城，似乎也在和我们同庆这一夜。

附录：几个精彩发言

● 陈翰馥：

大家下午好。结婚已经五十年了，成就这个婚姻的有两个人最关键。王淑君原来是学"纺织机械"的，由于错综复杂的途径，最后到了中国科学院数学所。我原来是学"水运工程"的，在列宁格勒水运工程学院学习，我原来也不是学数学的，我怎么能够到数学所，这里就要提到第一个关键人物，在座的"王耆"。是我父亲的妹妹的第四个孩子，他有三个哥哥，他的三哥是我们今天在座的岁数最大的。今年 86 岁。我在列宁格勒水运工程学院学习，1957 年到基辅去实习，我就碰到了王耆。他也是留学生，他给我一个非常重要的信息：现在国家正在调整留学生的专业。我得到这个信息以后，就跑到莫斯科去申请改换专业，获得了成功，这样才到了列宁格勒国立大学数学力学系念大学，才有可能到数学所。到了数学所以后，1962 年开始，我在控制理论研究室。我在大楼 (在苏浙汇对面，现在已经不在了)，王淑君在小楼 (现在的院士工作局，也没有了)。我是一个比较拘谨、不善于言谈、不善于交际的人，所以中间就需要一个牵线人。这个关键人物就是秦化淑老师。所以我们今天有机会来欢庆这样一个日子，首先要感谢王耆和秦化淑两位。谢谢你们。

我们有了家庭以后，有了儿子，后来有了儿媳妇，有了孙女，家庭很美满。这些主要归功于淑君。感谢她持家有方，管理教育儿子非常有办法，使我能安心地做我的学术工作。她下的工夫很多，我不动脑筋，有时候我在教育孩子方面非常无能。记得有一次，王淑君到东郊工厂去出差，儿子淘气，我要通知王淑君，当时打个电话很不容易。家里没有电话，我必须要到她的小楼的办公室去打电话。我去打电话，儿子要跑掉，我就采取下策，用一根带子把鹤一两个手捆住，把他拴在我的自行车后面，就这样把他拉到小楼，打了电话，现在看来很可笑，我很无奈。表明我们这个家，无时无刻都离不开王淑君。

我今天请来了单位的同事们，你们对我有很多帮助。我永远不能忘记我们的老师，关肇直先生早年对我们的指导、帮助；不能忘记工作当中我们互相帮助、互相支持的在座的秦化淑、冯德兴两位老师；有的已经不在了。在科研工作中，我过去的研究生对我后来有很多的启迪和帮助。郭雷经常有非常独到、精辟的见解，使我叹服；张纪峰，思维缜密、井井有条、乐于助人；方海涛知识渊博、对人宽厚。当然还有很多其他的年轻人，他们都有很多值得学习的优点，是我学习的源泉。我们单位、研究所、实验室还有很多的同志，对我有很多的帮助，特别是常金玲等同志，对我有很多的帮助，我是非常感谢的。

年纪越来越老了，有时候，我经常跳出自己的圈子，来思考、来看待自己，看到周围，使自己比较豁达、比较宽容地对待别人，从容地享受自己慢慢地老去。今天我非常感谢许多亲朋好友到这里来。我祝愿你们身体健康，今天有一个美好的夜晚。谢谢大家。

● 王淑君：

各位亲朋好友，晚上好。今天发言我必须有个稿子，如果没有稿子，大家晚饭就不要吃了。所以我的先生关照我，说你还是念吧。我今天发言的题目是：我的幸运，共三点。

第一点是我的幸运。诸位可能没有兴趣，但是我的幸运实际上是半个世纪的时代的长河，反映对我们这一代人的影响，我的幸运是大学毕业工作不要找，统配。我 1960 年在上海华东纺织工学院机械系毕业，毕业的时候，每个同学都去跟党组织表决心，要到最最辛苦的地方去，我也写了。一发榜：王淑君，限期到中国科学院长春机械研究所报到。还有一句话，去念研究生，免考。那时候上海有一个北车站，大喇叭就在吼：再见吧妈妈，别难过，莫悲伤。我妈妈给我买了一个大皮箱，我爸爸到车站来送我，我眼睛都湿润了。我生在上海，长在上海，学在上海，毕业在上海，我应该到上海纺织科学院。以前的火车从上海到南京要调一个车头，到北京要 2 天，到长春多远我自己也不知道。我从来没离开过上海，到了长春一报到，先下放劳动 2 个月。我就去了。那时候全国经济困难，在长春比起上海就更差了。

劳动第二天，有人来通知我，说人事科叫你去，我心里很害怕。他们说，北京来找你，要你到北京的力学研究所去报到。离妈妈近了一点，我马上一个人就坐火车跑到了中关村力学研究所。人事科的人就跟我说，你跑哪去了，我们到处找你。我们力学研究所的运筹室已经和数学所的运筹室合并了，你快点到数学所去报到。我就去数学所报到了。运筹室很厉害，120 人，孙克定是主任，许国志是副主任。还分给我一个老师：刘源张，现在是工程院院士。这个实际上是怎么回事，经常有人问我，你也不喜欢数学，数学也不咋样，跑到这里干了五十来年。人生就有很多的巧妙。1956 年的时候一大批爱国学者从美国回来，其中有钱学森，他们要搞运筹室，在全国各个大学、各个专业去找。有学经济的、纺织的、机电的、电工的。后来我自己感觉，这是我的第一个幸运。后来"文化大革命"，我们这边有华先生、有关先生、有张先生，我是群众。可是分在上海纺科院的我的同学 1967 年以后都成了小权威了，使我受到了冲击。数学所比较宽松，方向、任务都可以自己稍微有一点自主权。最最幸运的是我这辈子认识了许多特殊的人，数学家，还有特别特别的人，比如陈翰馥先生，他一直陪伴着我，一直到今天。我碰到他，是非常幸运的一件事。

第二点，说说房子。现在的年轻人，说房价很贵，我那个时候房子不用买，分一个。我刚到所的时候，住在数学所的集体宿舍。原来是一个家属宿舍，一楼是女生，男生在楼上。陈景润、李根道，他们都在 4 楼。我和秦化淑在一楼 101 室。就在这个地方，我认识了我最最亲密的人 —— 陈翰馥。1963 年结婚的时候，房子是借的，家具也是借的。那时候搞"四清"运动，回来以后就分在 40 楼 408，小屋变成小小的温暖的家。以前我是运筹室分房委员会的委员，贾培璋是控制室分房委员会的委员。后来按照国家政策分配，我们不断改善，从 813 楼到 935 楼一直到最后一次分房，新科祥园 1 号楼。那个房子很好，南北通透，宽敞舒适，地点合适，我们的小佳佳还可以上一小。这样确实是非常幸运。

第三点，关于恋爱与婚姻。我要讲，那时候数学所男多女少，我的条件也不差，找老公很容易，领导们还准备给我介绍。年轻的时候，我不知道天高地厚，以为到了中国科学院数学所，只要勤奋，就可以当数学家，不知道天赋有多么重要。刚认识陈翰馥的时候，觉得他非常老实，非常有礼貌，学的专业还是数学，最重要的是他还从小喜欢数学，还会厨艺。我一听，这好。我那时候，我数学比人家差，希望有数学家帮助，我上大学这么多年，我妈妈是怕我进厨房的，我想这个人还行。那个时候，老秦来跟我忽悠什么，我已经记不清了，但她有一条绝对没有告诉我，这个老先生有时候会讲难听话，会把厨房弄得像个战场一样。五十年的相处，我目睹他坚守在科研岗位上，专注研究、兢兢业业，一切以大局为重，还特别理性。改革开放以后，走向世界，学术交流，他在国外，住的是最贵的房子，为的是表现中国人的尊严。担任所长以后，争取经费，给学生办户口、借住房，帮学生写出国推荐信、填表，学打字、学拼音、改英文。都 76 岁了，他还要带学生，还要写本书。五十年的相处，重温一遍共同生活的岁月，他是嫁给事业的人，但是他也娶了我，他也教会我很多东西，工作生活，潜移默化地影响着我，专注研究，生活有节奏。饮食很有规律，每天早上他给我做半个鸡蛋的蛋羹,下午给我留半个苹果。我特别怕冷,我冷的时候他会提醒我,他不怕冷,冬天都不穿棉毛衫棉毛裤,可是只要外面一有点冷,马上会通知我。在外面也会遇到不如意的事,特别是他当所长的时候,好在我们有共同的相互工作环境,共同的亲朋,又有相似的饮食习惯,我们互相交流,共同沟通,一一化解,这些就是我家里的温馨,他对我的关爱,我的幸福,这是最后一个幸运。

最后希望诸位见证,老来相扶,抱着宽阔的胸怀、阳光的心态迎接我们钻石婚的到来。最后祝大家有一个温暖的家。谢谢。

● 陈鹤一:

首先欢迎各位长辈、各位亲友参加我父母的金婚庆典活动。金婚纪念活动是我提议的,第一是想庆贺我父母相濡以沫这五十年,第二是想感谢各位同事、亲友这些年来对他们工作上的帮助和支持,以及生活上的关心和爱护。在这个特别的时刻,我也想特别感谢父母这么多年对我的栽培、养育之恩,特别是在我成长过程中对我无私付出、无微不至的母亲,谢谢大家。

● 郭雷:

我非常荣幸成为陈老师第一个正式的研究生。我首先讲讲第一次见到陈老师、王老师的情况。我1982年从山东大学毕业以后,考到系统所,作为陈老师的研究生。9月份入学,来到系统所,找陈老师选课,和现在同学们一样。陈老师正好在收拾行李,准备去加拿大访问 P. Caines。他给我写:你要学什么课,还要自学什么课。包括随机微分方程、随机过程统计,现在陈老师当年给我写的纸条,我还保留着,哪天可以给大家 show 一下。

我见到王老师就是一年之后。一年之后,陈老师从加拿大回来后的中秋节,陈老师请我到他家,我同时见到了陈老师和王老师。第一次见到王老师,王老师长得非常清秀、漂亮,但里面还带着一点严肃,让我想到一个人:江青。江青是很漂亮的。王老师给我的印象非常深刻,对我的生活、学习、家庭非常关心。我跟王老师谈生活谈得多一点,和陈老师谈学问多一点。见到陈老师以后,陈老师自然就问:"你学得怎么样?除了正式的课之外,你自学的几门课怎么样?"问了我两个问题,我印象特别深刻的是关于 Liptser 和 Shiryaev 写的《随机过程统计》一书中的问题。第一个问题，Girshanov 变换是什么？第二个问题，为什么非线性滤波方程是非封闭的？大家真正懂这门学问的人就知道，这两个问题是非常要害、非常深刻、非常关键的。我要感谢陈老师严谨求实的精神和深刻的洞察力，把我带入科研领域。

除了这一点，还有一点印象非常深刻。片子中可以看到，我第一次见王老师是他们住的 813 楼 711，是一室一厅，当时他们告诉我，在这个地方请过外宾，办法是，把他们的双人床拆了，放到另外一个小间里，大间里弄上桌子请外宾。当时我印象很深刻，请外宾还要把床拆了。

今天大家在这样一个场合庆祝陈老师、王老师的金婚庆典，我无限感慨。首先，30 年来，我们国家变化很大。不用说陈老师、王老师，我们在座的各位，请外宾大概不用去家里拆床了，变化太大了。第二个，时间过得非常快，我当年见陈老师，陈老师是四十五六岁，比我现在还要小，我现在已经 52 岁了。第三个感慨，也是最大的感慨，我跟陈老师的 30 年来，确实陈老师、王老师这两位对年轻一辈的关心、支持、帮助，是持之以恒的。每次见到王老师，她都会给我们带来无限的快乐，每次都从王老师的人生智慧当中得到很多启迪。

自从关先生 1982 年秋天去世以后，也就是我入学的时候，陈老师是我们控制室的实际帮助者、实际指导者，也一直是实验室发展的精神领袖。无论是陈老师的学生、年轻人或同事，工作中、生活中、家庭中有什么困难和问题了，都去找陈老师和王老师求教。他们给我们年轻人非常大的帮助。

特别令我感慨的是，陈老师今年 76 岁，还在第一线，还在每年发表许多高水平的文章。这相当不容易。76 岁的院士中，还有多少人在写文章？可能很少很少。陈老师不仅仅关心自己的学问，对控制的发展、对系统科学的发展、对系统所的发展，乃至对自动化的发展一直都非常关心，乃至我们现在还要时常一起奋斗，有时还要战斗。我想借这个机会，代表我们全家，向陈老师、王老师五十年金婚表示衷心的祝贺，祝贺你们两位天天快乐、天天恩爱、永远幸福、永远健康。谢谢！

● 秦化淑：

各位老师、各位来宾、各位朋友，今天我很荣幸参加陈翰馥和王淑君的金婚典礼，非常高兴，也非常激动。我和王淑君认识得比较早，早十来天。因为我们四个人在同一房间。我只知道她是上海纺织机械学院毕业的，是刘源张的研究生。这个人很开朗 —— 十天时间给我的感觉。我和陈翰馥认识得晚十来天，当时由我们的人事科科长，带领我们去见中国科学院的副院长竺可桢先生。我知道陈翰馥是列宁格勒国立大学毕业的，当时在数学所的概率室工作，仅此而已。

到了 1962 年，我和陈翰馥分在一个室就是控制理论研究室，当时我们七个人，现在大概也就我们三个 —— 陈翰馥、我、王康宁。1962 年 3 月，控制理论研究室成立。这个时候我和王淑君已经相处有半年了。我感觉王淑君这个人很开朗，不像上海人娇气，有一种莫名其妙的骄傲。我们挺谈得来的。我感觉有很多人追她，说起来都排队。有当时被称又红又专的小领导，也有上海人，她好像都没有看上。她也有一点压力，当时有个党支部书记和她谈话，说你得要找这样的人，但她没有。后来到 1962 年的 9 月份还是 10 月份，我和陈翰馥去研究生院上课，他教极限定理，我教常微分方程。在回去路上，我就问他有没有朋友，他说没有。我当时是我们室里的秘书，当时秘书什么都要管的。我就想要给他们两个介绍，因为我觉得他们两个合适。追王淑君的那些人，我也不太看得上，尽管有又红又专的小领导，我也看不上。我觉得他们两个人性格不太一样，陈翰馥比较严肃、比较理性，王淑君比较热情、待人宽厚。我觉得他们合适。王淑君表示可以考虑，陈翰馥也说可以考虑。他们俩就考虑了，结果是终成眷属。我是秘书，我当然要关心我的研究室，我们研究室有哪个能配上王淑君的，陈翰馥配上她是合适的。

五十年以来，陈翰馥的选择是对的，王淑君的决策也是对的。那么多人追她，她没有同意。我和王淑君两人的关系可以用亲如手足、情同姐妹来形容。我们是无话不说的，包括所里的、周边的事。至于陈翰馥，我们在一个研究室，研究室的宗旨和愿望就是发展控制理论，为中国的导弹事业服务。后来不仅是导弹，我们也搞过潜艇、航空，为国防事业服务。我想我们原来的这些人总是记住这个，我们有很多共同语言，我们一起参加讨论班。我与他们成了好朋友。

我也得到他们很多的帮助，比如，我出差，我先生早出晚归，我的孩子也比较调皮。王淑君经常到我们家去帮助教育、指点他。本来今天我儿子应该来，祝贺王阿姨和陈叔叔的庆典，但他前天刚从三亚回来，今天要在股东会上做项目报告，他让我代他向王阿姨和陈叔叔祝贺你们金婚愉快，健康长寿。

刚才陈翰馥讲了，家里是王淑君挑起重担。我举个例子补充一下，1976年地震的时候，陈翰馥还在做他的研究，我和王淑君张罗地震棚。我先生不在北京，王淑君一开始就帮我们一家三口搬到一个二层小楼 (木质结构)，度过了一个比较安全的晚上，以后我们就搭地震棚，陈翰馥都没管，都是王淑君操劳，后来我们和陈翰麟、顾基发都在一个楼上，搭了一个很好的防震棚，后来又搭了一个像西伯利亚的小木屋。我们 11 月份还在那里住。这一点我印象很深！

他们两个也有意见不一样的时候，但是最后都化解了。今天回过头看来，这一对确实是很美满、幸福的。儿子是孝子，鹤一对父母是非常好的，妈妈要什么，就会顺着妈妈，又会哄妈妈，这点陈翰馥差一点，他不太会哄人。他们这个家庭确实是很幸福的，我感觉我一生中，交了这么两个朋友也很值得。谢谢！

- 李勇：

各位老师、各位朋友，大家好。首先在这秋风送爽的日子，难得北京天公作美，出了蓝天。很荣幸参加我的恩师陈翰馥院士和师母的金婚庆典。祝贺陈老师、王老师生活幸福。

刚才各位老师，特别是王老师讲了她的幸运。我认为我自己在 1991年考取了陈老师的博士研究生，也是我人生的一个幸运。我原来在北京大学学概率，后来在山东大学学了控制。我一直在想，把这两门课结合起来。当时我山东大学的导师就说，能把概率和控制结合得最好的、水平最高的，国内就是陈翰馥教授，所以我报考了梦中理想的地方：中国科学院系统所。系统所出题很有特点，不像大学里，覆盖很全面。系统所的代数和泛函，第一题如果做完了，第二题、第三题很快就可以推出来。如果跳过去，第一题不做，第二题就很难做出来，第二题不做，第三、第四就更难。抓住了这个思路，考试还是很幸运的。

三年很短暂，跟着陈老师做博士研究生，渐渐能做一些东西了，也就毕业了。我毕业将近 20 年了，心中的感受是：陈老师主要是精神榜样以及拥有很好的治学方法。我后来去 502 所做博士后，转入工程，包括研发，也做一些应用研究。无论是在单位或者是在科研工作中遇到挫折、困难，我常常会想，如果是陈老师碰到这些问题，他会怎么做。陈老师为人坦坦荡荡，做学问踏踏实实，这样一些功底，使得人很沉着，不会急躁。这是我内心感受到陈老师给我的精神的力量，虽然 20 年过去了，我心中仍存感激，谢谢陈老师。

最后我表达三份祝愿，祝愿陈老师、王老师身体健康，青春永驻。第二点，我们的控制室，有很多年轻的，包括我师兄郭雷院士、张纪峰，还有很多更年轻的朋友，希望大家能够传承陈老师、秦老师、冯老师等老一辈的优良学风，希望我们结合起来，做出对国家更有意义的科研工作。最后祝愿陈老师、王老师儿孙满堂、家族兴旺。谢谢大家！

● 罗贵民：

非常荣幸参加陈老师和王老师的金婚庆典。我最想讲的是：非常荣幸成为陈老师的学生。我是 1992 年从系统所博士毕业的。这里有特别的一段曲折，向大家汇报一下。我是 1989 年考博士的，那是一个特别的年代，我是报考的陈老师的博士研究生。那年考博士有一个特别的过程，要经过政审。我参加了学习班，也没什么事情，但一直没给我下结论。半年之后，才给我一个结论，说我没有问题。我应该 9 月份入学，但是我也不知道情况，后来我抱着侥幸心理给系统所写了一封信，说我政审应该没问题，不知道我现在把政审材料送到系统所来，还有没有可能录取研究生。系统所很快给我了答复。我想肯定是陈老师在里面做了一些工作，最后我收到了录取通知书。我非常非常荣幸成为陈老师的学生，非常感谢陈老师。

我的第二个感受是，陈老师教了我们很多，包括知识，包括做人。陈老师还非常关心学生。刚才在图片里，看到陈老师穿着背心做饭的照片，印象非常深。陈老师虽然对学生要求很严，但在生活上是很关心的，我们学习的时候，每一年的元旦，陈老师和王老师就把我们请到家里，亲自下厨，给我们学生做一顿饭。我们当时非常感激，印象深刻。我一直把这个印象记在脑海中，后来我也当了老师，招了学生。到现在我学生也挺多，有 20 多个，每一年的新年，我雷打不动，我也要请学生吃一顿饭。这是从陈老师那儿学来的，谢谢。

陈老师除了教我们知识，更多的是教我们怎样去做研究。方法上教得更多。我在系统所的学习时间当中，更多地从方法上学了很多东西。我在系统所学习的时候，所里面每星期都有讨论班，我从陈老师、郭雷和张纪峰那里学来很多东西。讨论班这种形式非常好，后来到清华大学后，开始是没有讨论班的，后来我有了研究生，我是第一个把讨论班办起来的。后来，办讨论班形成了风气，这个也要感谢陈老师。

在陈老师、王老师金婚之际，我写了几句话："身正为范德高师，诲人以恒授渔恩。科苑荆棘破万难，宁静致远功利忘。"有两句话："身正为范，学高为师。"陈老师不但是学高，而且德更高。所以我改成"身正为范，德高师"。接下来，孔子有一句"诲人不倦"。陈老师这些年一直教导学生、帮助学生、诲人以恒。老子有一句"授人以渔"。教人知识不如教方法，陈老师更多的是教人方法。"科研荆棘破万难"，这是在说陈老师这些年来，一直在科研领域孜孜不倦地耕耘，取得丰硕成果。最后是诸葛亮有两句话"淡泊以明志，宁静以致远"，用于描述陈老师最为贴切，陈老师一直孜孜不倦地做研究，从来不想这些是为功或名，所以"功利忘"。这四句话的每句的最后一个字连起来为"师恩难忘"。在这里，再次感谢陈老师、王老师对我们的教导，对我们的帮助。祝你们今后更加快快乐乐，在下一个钻石婚的时候我们再来为您庆祝。

第八章 壮心不已报效祖国

一、 桃李不言，下自成蹊

一个人生活在这个世界上，你周围的同事、朋友就像一面面镜子，反射着你的方方面面。陈翰馥不是一个擅长表现的人，更不善于夸夸其谈。他年轻时不苟言笑，看似有点孤傲威严。年长以后，变得慈眉善目，一副长者风度，但说起话来，依然有板有眼，主意若定，不肯随声附和。而他的同事、朋友、学生，提起他的时候，却有许多由衷的溢美之词。下面讲述的是几个小故事。

(一) 诚挚的友谊

初入社会，秦化淑与王淑君两个单身女性就是同宿舍的闺密。后来，两人分别结婚生子，两家人就顺理成章地维系着终生的友谊。秦化淑的先生廖国华曾同她一起在波兰留学，回国后廖国华分配到武汉工作。他们开始相爱缘起于回国后在北京的一次巧遇。结婚后，他们度过了十年两地分居、牛郎织女的生活。这期间，陈翰馥和王淑君给了他们不少帮助。

1970 年，秦化淑被打成"五一六"分子，在所里隔离不让回家。这时，廖老师在长沙，两个孩子自己在家，全靠王淑君他们帮着照看。有一段时间，秦化淑的女儿就住在陈翰馥家。1976 年唐山地震，北京震情严重，他们两家一起帮携着盖起地震棚。秦化淑从波兰回来，就同从苏联回来的陈翰馥一起，成了新成立的控制室的第一批成员。他们一起经历了实验室的初创、"文化大革命"、改革开放，直到今天。

人生路上的沉浮升降最能反映一个人的人品。鲁迅先生曾写过一首诗，其中有："一阔脸就变，所砍头渐多，忽而又下野，南无阿弥陀。"说的就是那种蝇营狗苟的势利小人。开始，秦化淑是室主任，她任人唯贤，对陈翰馥的业务能力是很欣赏的。在陈翰馥成长的过程中，她总是尽可能给予支持和帮助。陈翰馥当了所领导和院士后，他们两家的友谊依旧。后来，廖老师身体不好，陈翰馥和王淑君，对秦化淑一家不仅一如既往，而且更是设身处地、关照有加。秦化淑对陈翰馥也很信任，相信他的见地与判断，大事小事，都会同他商量，征求他的意见与建议。陈翰馥和王淑君，对秦化淑家的事也尽心尽力、无微不至。例如秦化淑八十岁生日，陈翰馥全家出动，为她安排了餐宴和一系列庆祝生日的活动。

1981 年在日本京都参加第八届 IFAC 世界大会，与秦化淑合影

秦化淑对陈翰馥的评价是：① 为人心胸宽阔、肚量大，不管别人对他怎么样，他都能坦然应对。所里有人跟他有过过节，可等他们需要帮助的时候，他依然能公正对待，实事求是地评价每一个同志。② 思考问题缜密、遇事不慌乱、主意多。秦化淑和陈翰馥周围的许多同事一样，但凡有什么烦心事，不管是工作中的公事或家庭生活中的私事，都愿意同他聊一

聊,让他帮着拿主意。③ 办事公正、没有私心。不管是当室领导还是所领导,他都尽量做到公平公正,对所有的人,一碗水端平。而他自己,却从来不肯以权谋私。这些让他不管是在位时,还是退下时,都深得人心。

(二) 几位学生的讲述

张纪峰是陈翰馥最优秀的学生之一,在山东大学上本科的时候就在国际杂志 *Automatica* 上发表过论文。于是,被推荐给陈翰馥当研究生。虽然学业优秀,可他来自农村,刚到北京时青涩得很。陈翰馥与王淑君,不仅在学业上指导他,而且在生活上,把他当自己孩子一样关心、帮助。

张纪峰说起,第一年春节,他回家探亲前,王淑君打电话让他到他们家走一趟。去了以后才知道,他们给他买了许多点心、饮料,让他带着车上吃。他这才知道,他们怕车上人多,买东西不方便,又担心他舍不得花钱,就帮他准备了许多。张纪峰说:"王老师出生在上海,家庭条件又好,可她总是那样平易近人,从没有一点傲气,更不会轻看像我这样从农村来的学生。"

上学的时候,张纪峰家在农村,并且上研究生后就结了婚,硕士毕业就添了儿子。那时,他与爱人工资不高,还要给家里寄钱,因此,家里经济比较紧张。得知这种情况,陈翰馥经常出手相助。他尽量将一些打字、排版等工作交给他,然后给他开劳务费,让他增加一些收入。由于陈翰馥的推荐,张纪峰毕业后就到加拿大麦吉尔大学 P. Caines 那里做博士后。这时,陈翰馥也在麦吉尔大学访问,张纪峰去之前,陈翰馥就帮他租好公寓,并在他到达前就帮他买好了面包、水果及蔬菜等。张纪峰第一次到国外,一切都不熟悉,陈翰馥就手把手地教他。

陈翰馥每次去买东西,都会招呼张纪峰一起去,但张纪峰很快发现冰箱放不下了。陈翰馥很奇怪,就让张纪峰带他去看看。这一看才知道,张纪峰的冰箱里,冷冻室几乎都被冰块占满了。大米等都放在冰室里,而鸡蛋却放在外面。陈翰馥让他先把冷冻室的冰融化敲净,然后隔天来再告诉他,什么东西应该放在什么地方。张纪峰是山东人,老家不吃米饭。陈翰馥就教他,每次应放多少米,想吃干的应放多少水,想吃稀的应加多少水,等水开了之后把火拧小,还要烧多长时间……张纪峰感叹地说:"真没见过这么好的老师!"

方海涛从北京大学博士毕业后,他导师就推荐他到系统所跟陈翰馥做博士后,后来他留所了。对陈翰馥,他有这样的感受:他说,陈老师日常生活十分有规律,故事不多,但他在科研上却思路活跃、方法灵活,十分出彩。讨论班上他经常能听出学生想法的内涵或错误,总结出新理论或科研新方向。读论文也是如此,他的学术敏感性特别强。有时,他能从一篇看似平淡的文章中,提取出问题的本质,并由此开辟出一块新的研究天地。

与方海涛合影

在学术讨论中,陈翰馥心怀坦荡。无论是学生、同事,本单位的、外单位的,他一律知无不言,尽量给予帮助。许多同事、朋友谈到,他们论文中的许多想法是陈老师提出的。陈翰馥走南闯北,学术触角踏及俄罗斯、美国、加拿大、澳大利亚、瑞典……,因此他有广阔的国际学术视野。许多学生反映,他给学生们的论文选题适中,既有前沿性,又不至于太难,无从下手。他为学生改过的论文,逻辑性强、行文通畅,改过一遍,从文章内容到布局,都给人一种焕然一新的感觉。跟他合作过的同事,也无不赞叹他超凡脱俗的学术品味。正因此,他周围的学术圈子,至今仍然十分活跃。

（三）审稿小记

为了祝贺谈自忠教授的八十诞辰，他的一些学生和朋友发起在 *Control Theory and Technology* 上组织一个专刊的倡议。陈翰馥和谈自忠是多年好友，因此，他们特邀陈翰馥也贡献一篇论文。应允之后，陈翰馥和他的一位博士研究生按时交了一篇论文。

客座编委是一位美国教授，他请的一位审稿人虽然肯定了论文的贡献，但因为不甚专业，提了许多不太靠谱的意见和建议。有些说法，如"应如何写论文"等显然对作者不够尊重。这位编委据此作出大改后再审的决定。

陈翰馥是该杂志的老主编，而现主编又是他的学生，况且这篇论文是特邀论文，编委的决定，似乎不太合情理。而此时，他的学生刚出国，一时也联系不上。主编得知此事后，也觉得有点过意不去，客座编辑也想马虎点就算了。

可是陈翰馥并没有接受这个好意。他亲自动笔，花了两周的时间对论文做了仔细修改，然后详细回答了全部审稿意见。复信写了八条，告知每一条是怎样修改的。对于不同意见，也做了详细解释。最后，当主编、客座编辑及编委看到修改稿和复信说明后，都很感动，一致认为这是一篇出色的论文。从来不把自己当作大牌权威，严于律己，对学术问题一丝不苟，是陈翰馥特有的学术风格。

故人云：不积跬步，无以至千里；不积小流，无以成江海。正是这些不起眼的点点滴滴，为我们勾勒出了一位学术大师的丰满形象。

二、　陈翰馥奖

2016 年 7 月 27—29 日第三十五届中国控制会议在成都国际会议中心举行。

中国控制会议是中国自动控制领域历史最悠久、规模最大、国际影响最大的控制年会。它是由中国自动化学会控制理论专业委员会发起的系列学术会议，创立于 1979 年，当时称为全国控制理论及其应用学术会议，于

1994 年起经中国自动化学会批准改名为中国控制会议。从早年跟随关先生协办中国控制会议，到近年 (从 2005 年起到 2010 年) 担任大会总主席等，陈翰馥为中国控制会议殚心竭虑，做出了无与伦比的贡献。近十多年中国控制会议从一两百人的中型会议发展到两三千人的大型和高度国际化的学术会议。会议的成功，除了专业委员会的整体努力外，陈翰馥的领导和组织才能也是一个不可或缺的关键因素。

2016 年的中国控制会议由控制理论专业委员会和中国系统工程学会 (SESC) 主办，西南交通大学承办，并得到了中国科学院数学与系统科学研究院，中国工业与应用数学学会，电子科技大学，四川大学，四川省自动化与仪器仪表学会，亚洲控制学会 (ACA)，IEEE 控制系统协会 (IEEE CSS)，韩国控制、机器人与系统学会 (ICROS)，日本仪器与控制工程师学会 (SICE) 等国内外学术组织机构的协办。CCC 2016 共收到来自 29 个国家和地区的投稿论文 2901 篇，经程序委员会严格、认真评审，1944 篇被会议录用并收入论文集，其中英文论文占 90.7%；参会人数超过 2300 人。CCC 的国际化程度和影响力可见一斑。

2016 年程代展获陈翰馥奖

刚刚开过二十国集团财长会议的成都国际会议中心气势恢宏，内部装修简朴大方而又透着一丝高雅。偌大的会议中心和毗邻的 Holiday Inn 内部有走廊相通，那几天，这两片建筑都成了会议的活动领地，也成了初来乍到者的迷宫。7 月 27 日上午 CCC 2016 开幕式在成都国际会议中心五楼水晶厅隆重举行，近三十米宽的主席台十分壮观，背景是通栏的大屏幕，投射着 CCC 的通栏标题和各参办方的 Logo。开幕式由大会程序委员会主席、香港城市大学教授陈杰主持。西南交通大学校长徐飞教授、大会总主席周克敏教授分别致辞,向大会的召开表示热烈祝贺,向各位代表的到来表示热烈欢迎! 随后,在开幕式上举行了第三届陈翰馥奖颁奖仪式。陈翰馥奖评奖委员会主席郭雷院士宣布中国科学院数学与系统科学研究院程代展研究员荣获第三届陈翰馥奖;香港中文大学黄捷教授代表评奖委员会介绍获奖人主要学术贡献。

授奖之后,程代展应邀走上讲台,发表获奖感言。登台前,主持人陈杰主席给了他一个热情拥抱,让他多少有点吃惊和失措。在简短的感言里,他谈了三点:第一是回忆了他从 1978 年考上中国科学院开始四十多年与陈翰馥的师生情谊和陈老师对他的影响与帮助;第二是对陈老师重要学术贡献的回忆;第三是对前两届得奖者的回顾。最后,他向评审专家对其科学贡献的肯定表示感谢!

2017 年的 CCC 在大连国际会议中心召开,投稿量超过 3000 篇,创历史新高。这年的陈翰馥奖授予曹希仁教授。曹希仁毕业于中国科技大学,"文化大革命"后在哈佛大学获博士学位,是何毓琦的学生。他本是香港科技大学教授,退休后在上海交通大学任职。他是 IEEE 会士、IFAC 会士、一位优秀的控制学家。

2017 年曹希仁获陈翰馥奖

曹希仁在获奖感言中提到,当他得知获得陈翰馥奖时很吃惊,因为他既没有申请，也没有答辩。这奖体现了控制学界对他学术贡献的肯定。这也许正体现了陈翰馥奖与国内其他众多奖项的区别：在中国的许多重要项目，从国家奖到省部级奖，大都由本人提出申请，然后经过一定的遴选程序，再由入选者进行一次或多次答辩，才能确定最后获奖者。这种程序虽有严格的一面，但难免有个人追逐名利的倾向，而陈翰馥奖则完全没有了这种功利主义倾向。

继关肇直奖之后，陈翰馥奖是由专业委员会设立的另一个重要奖项。关肇直奖历史悠久，奖励对象是四十五岁之前的年轻人；陈翰馥奖则是近年新成立的，奖励的对象是资深学者，是一种终身成就奖。如同关肇直奖，陈翰馥奖的设立是专业委员会乃至控制学界对陈翰馥学术贡献的一种承认和赞赏。陈翰馥是继关肇直之后中国最优秀的、具有广泛国际影响的控制理论学家之一。

首届评奖委员会的组成是：郭雷 (主席)，澳大利亚纽卡斯尔大学 (Newcastle University) 付敏跃、David Hill，香港中文大学黄捷，得克萨斯大学 (University of Texas)Frank L. Lewis，瑞典皇家理工学院 Anders Lindquist，新加坡南洋理工大学谢立华。这是一个学术水平很高的国际团队。

何毓琦教授于 2014 年获得首届陈翰馥奖。他是美国哈佛大学教授、美国工程院院士和中国科学院外籍院士。他还是清华大学讲座教授，他被认为是当今国际上最出色的华裔自动控制学者。谈自忠教授于 2015 年获第二届陈翰馥奖，谈自忠是美国华盛顿大学教授，也是清华大学量子信息中心的首任主任。他是中国改革开放后最早来访的西方学者之一。他为中国和美国及国际自动控制界的学术交流做出了重大贡献。

陈翰馥奖的基金来自三个方面：专业委员会向财政申请支持；个人捐款 (主要是陈翰馥的学生)；还有他的儿子、事业有成的陈鹤一先生的慷慨解囊。

随着形势的发展，专业委员会出于对全局的考虑，将几个相关重要奖项进行适当调整：将关肇直奖及张贴论文奖明确为中国控制会议的奖项；将杰出贡献奖与陈翰馥奖设置为专业委员会奖。基于杰出贡献奖是一种终身服务与成就奖，建议将陈翰馥奖变更为只授予四十五岁以下的年轻人的奖项。当专业委员会将这个想法与陈翰馥协商时，陈翰馥慨然应允，再次表现出他良好的大局观。不管今后还会有什么变化,陈翰馥奖必将成为中国乃至世界自动控制领域的一个重要奖项而长存!

2014 年陈翰馥奖评奖委员会主席郭雷向何毓琦颁发获奖证书

2014 年陈翰馥奖评颁奖仪式合影留念

三、 老骥伏枥,壮心未已

2018 年 5 月 16—17 日第十届控制科学与工程前沿论坛在山东日照岚桥锦江大酒店举行。除中国控制会议外,控制科学与工程前沿论坛是中国自动化学会控制理论专业委员会组织的另一个系列学术会议。它在规模上不及中国控制会议，但参加者主体为控制理论专业委员会委员，是中国控制界的一个精英聚会。

初夏的海滨城市日照，天气宜人。刚下过一场雨，略带着海风气息的空气，清新得令人陶醉。17 日早，大会在岚桥锦江大酒店的国际会议中心开幕。大会的第一个报告就是陈翰馥的《函数求根方法在系统控制中的广泛应用》。主持人是承办方之一的山东大学控制理论与工程学院院长张承慧教授。他用满带激情的腔调介绍了报告人的经历和学术贡献，虽然许多老人对这些情况已耳熟能详，但年轻人的情绪仍被鼓动了起来，会场的气氛十分热烈。

虽然已经八十有余，陈翰馥健步登上讲台时依然神情矍铄、目光炯炯。在切入正题之前，他用略带绍兴口音的普通话做了个很长的开场白。专注的听众会发现，这其实不是一段可有可无的套话，而是他对自己科研道路的一个小结。他回顾了从早年控制室成立开始，他和他所带领的随机控制团队所走过的历程。最早，他们追踪当时的国际前沿，主要研究随机系统，包括状态估计、滤波以及随机系统的控制等问题。在 1982 年，郭雷刚成为他学生的时候，他推荐读的书中就包括了俄罗斯学者 Liptser、Shiryaev 写的一本《随机过程统计》的书 (Liptser, Shiry, 1977)，是这方面的一本主要的参考书。1985 年，他自己出版了一本论著 (Chen, 1985)，这本书总结了他在系统递推估计方面的主要成果，这些工作主要是在 1982 年以前完成的。

随后，他就转入了对自适应控制的研究。此后，陈翰馥与他的研究生郭雷、张纪峰等一起，做了一批自适应控制方面的工作，包括系数未知情况下的二次指标最优估计、衰减激励、自校正调节等。这些工作被总结在他和郭雷于 1991 年出版的一本专著 (Chen, Guo, 1991) 里。

在此同时，他开始随机逼近的研究。随机逼近算法在 20 世纪 60—70 年代主要是基于概率方法的研究，所有的结果都需要满足一些概率条件，而这些条件对于工程应用来说依然太局限，70 年代末，瑞典学者 Ljung 提出了常微分方程方法，但是这个方法依然有很多局限，陈翰馥一直在考虑如何克服这些局限。80 年代初，他曾随关肇直先生到中国科学院成都分院，关先生当时兼任分院数理研究室主任，这个室里一个年轻人朱允民是北京大学 1968 届毕业生，他有兴趣转入控制理论的研究。关先生让陈翰馥帮带一下。陈翰馥推荐朱允民读一本俄罗斯人写的《递推估计》。此后，在一次和朱允民一起去云南开会的火车上，他们提出了"扩张截尾"的方法，解决了常微分方程方法中必须预先假定算法稳定的缺陷，并发展出了一套新的分析技术。这些工作被总结在他和朱允民于 1996 年出版的一本专著 (陈翰馥，朱允民，1996) 里。

方海涛是 1996 年北京大学毕业的博士研究生，他的导师是龚光鲁。他博士期间主要研究基于随机逼近的模拟退火算法，他导师知道陈翰馥在做随机递推算法研究，就推荐他到系统所做博士后。方海涛来了以后，主要跟陈翰馥做未知函数求根的递推算法的理论研究。随着研究的深入，他们发现系统控制中的许多问题都可以参数化，从而可转化为未知函数求根，然后用陈翰馥发展的一套关于随机逼近的理论分析技术来解决。特别是当前控制领域最为热门的研究题目之一，即多自主体的同步问题，利用陈翰馥以前的工作，可以非常简洁地得到一般条件下的理论结果，甚至在多自主体的动态方程为非线性时，也可能将其转化为一个函数求根问题，进而用陈翰馥和他学生发展的分布式的未知函数求根算法及其分析技术给出控制，使多自主体的输出以概率 1 收敛到相同的极限。

1983 年于家中工作，笔耕不辍

1990 年于中国科学院黄金海岸疗养所仍不忘工作

2002 年工作留影

活跃在科研第一线，和年轻人合作研究 (2016 年)

随后的学术报告中，陈翰馥深入浅出地介绍了这种方法的原理和它广泛的应用。他发展出的这一套函数求根的随机逼近算法，是一个在众多控制问题中具有广泛应用前景的有力工具。陈翰馥在自己的学术生涯中又攀上了一个新的高峰。他的这个学术报告在热烈的掌声中结束。随后的提问很踊跃，主持人不得不以时间为由终止了提问。

陈翰馥虽然已经年逾八十，但至今仍耕耘不辍。他依然每天上班，按时参加讨论班，指导学生。他和他的团队的学术成果依然不断涌现。我们期待着陈翰馥的下一次学术报告，它将给我们带来更多的新成果。奋斗者的足迹不会停歇，他的生命之树还会长久地绿下去。

亲自指导研究生，定期召开讨论班 (2016 年)

2018 年教师节和学生们合影

参 考 文 献

蔡天新. 2018. 我的大学. 北京: 商务印书馆.

蔡漪澜. 1981. 一代学者陈建功 (上). 自然杂志, 4(2): 133-140.

蔡漪澜. 1981. 一代学者陈建功 (下). 自然杂志, 4(3): 195-202.

陈翰馥. 2019. 父亲的数学家庭//王晓军. 中国现代数学教育先驱陈建功. 杭州: 浙江大学出版社: 1-2.

陈翰馥, 程代展. 2004. 求索在控制理论与应用的创新路上. 控制理论与应用, 21(6): 852-854.

陈翰馥, 秦化淑, 等. 1999. 开拓者的足迹. 控制理论与应用, 16(S1): 2-6.

陈翰馥, 张恭庆, 等. 2019. "把正理论与应用之舵: 记关肇直的创新思想与实践". 系统控制与纵横, 6(1): 5-8.

陈翰馥, 朱允民. 1996. 随机逼近. 上海: 上海科学技术出版社.

程代展, 冯德兴. 2014. 中国现代控制理论的开拓者: 关肇直. 系统与控制纵横, 1(2): 20-28.

郭雷. 1998. 陈翰馥//程民德. 中国现代数学家传. 第三卷. 南京: 江苏教育出版社: 470-489.

胡作玄, 石赫. 2002. 吴文俊之路. 上海: 上海科学技术出版社.

姜天海, 许清. 2015. 攻坚克难、开疆拓土: 中科院系统控制重点实验室学者侧记. 系统与控制纵横, 2(2): 24-38.

中国科学院系统控制重点实验室. 2012. 纪念中国科学院系统控制重点实验室成立 50 周年. (内部发行)

Chen H F. 1985. Recursive Estimation and Control for Stochastic Systems, New York: John Wiley.

Chen H F, Guo L. 1991. Identification and Stochastic Adaptive Control. Boston: Birkhäuser.

Liptser R S, Shiryaev A N. 1977. Statistics of Random Processes Ⅰ: General Theory. New York: Springer.

Wonham W M. 1974. Linear Multivariable Control. Berlin: Springer-Verlag.

大　事　记

时间	访问地	事由
1966 年		
5 月 15 日—6 月 15 日	苏联	随中国科学院自动化考察团访问苏联科学院在莫斯科、基辅、第比利斯等地的研究所 (杨嘉墀、陈信带队)
1978 年		
6 月	芬兰赫尔辛基 (Helsinki)	参加第七届 IFAC 世界大会, 并做报告 *On Stochastic Observability and Controllability*
5—6 月	法国、荷兰	在 IFAC 世界大会前参访法国国家信息与自动化研究所 (INRIA) 和图卢兹等地自动化有关单位及荷兰代尔夫特 (Delft)、埃因霍温 (Eindhoven)、特文特 (Twente) 等大学 (杨嘉墀、宋健带队)
11 月	成都	参加中国数学会年会, 并做报告《缺初值估计及随机控制》
1979 年		
5 月	厦门	参加第一届全国控制理论及其应用学术会议, 并做报告《随机能观性及线性估计》
12 月	石家庄	参加控制理论及其应用会议, 并做报告《同时适用于奇异和非奇异的控制和策略》

续表

时间	访问地	事由
1980 年		
		参加第二届全国控制理论及其应用学术会议，并做报告《系统辨识中的相容性定理》
		在控制理论专业委员会暑期讨论班报告《最小二乘辨识，递推辨识的收敛性及一致性》
		参加第三届全国概率论会议，并做报告"系统辨识中的一致性定理；在 Hilbert 空间中两种线性估计及其联系"
		参加 Seminar on Modeling and Identification of Bio-systems
	上海	应上海自动化学会和上海数学会邀请访问，并做报告《系统辨识中的一致性问题》
1981 年		
	四川	参加四川数学会主办的概率统计研讨会，并做报告《随机系统的辨识》
		参加中国宇航学会数学专业会，并做报告《随机过程理论对现代工程技术的应用》
2 月	日本	日本学术振兴会 (JSPS) 交流计划，访问东京、京都、神户诸大学，并做报告
8 月	日本京都	参加第八届 IFAC 世界大会，并做报告 *Unified Controls and Strategies Applicable to both Singular and Non-singular Cases*

续表

时间	访问地	事由
8 月	上海	参加中国自动化学会及 IEEE Control Systems Society 双边会议，并做报告 *Consistency Theorems in System Identification*
1982 年		
	四川峨眉	参加第三届全国控制理论及其应用学术会议并做报告《自校正控制器及它的收敛性》
9 月—次年 9 月	加拿大	应 P. Caines 邀请访问麦吉尔大学 (McGill University)，开展合作研究
12 月	美国	参加在奥兰多 (Orlando) 举办的第二十一届 IEEE CDC
1983 年		
6 月	美国	参加在伯克利 (Berkeley) 举办的非线性力学和控制研讨会；访问华盛顿大学 (Washington University)、普林斯顿大学 (Princeton University)、马里兰大学 (University of Maryland)、布朗大学 (Brown University)、哈佛大学 (Harvard University)、斯坦福大学 (Stanford University)、加利福尼亚大学洛杉矶分校(University of California, Los Angeles)，以及南加利福尼亚大学(University of Southern California)，在每个大学都做了报告

续表

时间	访问地	事由
1984 年		
9 月	重庆	参加"参数估计和系统辨识"研讨会，并做报告：①《随机梯度算法的强一致性及收敛速度》(和郭雷合作)；②《随机截尾的随机逼近算法》(和朱允民合作)
	北京	参加 Beijing Conference on Systems and Control，并做报告 Strong Consistency of Identification for Stochastic Systems
1985 年		
	上海	参加第二届 International Symposium on Systems Analysis and Simulation，并做报告 Adaptive Control and Identification for Stochastic Systems (Han-Fu Chen and Lei Guo)
12 月	上海	参加中国数学会 50 周年学术会，做报告《随机系统的适应控制和辨识》(和郭雷合作)
1986 年		
	澳大利亚	访问澳大利亚国立大学 (Australian National University) 及 纽卡斯尔大学 (University of Newcastle)，开展合作研究
		参加第六届全国控制理论及其应用学术会议并做报告《离散时间系统的辨识和使用控制》(综述) (和郭雷合作)

时间	访问地	事由
1987 年		
7 月	德国	参加在慕尼黑举办的第十届 IFAC 世界大会, 并做报告 *A Unified Approach to Tracking and Quadratic Cost for Stochastic Adaptive Control Systems*
7 月	奥地利	访问 IIASA 和维也纳大学, 并做报告 *Parameter Identification and Adaptive Control for Stochastic Systems*
7 月	匈牙利	参加 Workshop on Discrete-Event Systems-Models and Applications, 做报告 *Robust Identification of Discrete-time Stochastic Systems*
1988 年		
	北京香山	组织并参加第八届 IFAC/IFORS Symposium on Identification and System Parameter Estimation, 做报告 *Theory of System Identification and Adaptive Control for Stochastic Systems*
9 月—次年 1 月	美国	访问伊利诺伊大学香槟分校 (University of Illinois, Urbana Champaign), 讲授"随机系统"研究生课程

续表

时间	访问地	事由
1989 年		
1—2 月	美国	访问马里兰大学 (University of Maryland) 的 Systems Research Center, 并做报告 *On Identification and Adaptive Control for Stochastic Systems*
2—4 月	加拿大	访问麦吉尔大学 (McGill University), 并作报告, 内容同上
9 月	波兰	参加第一届波兰—中国系统控制研讨会, 并做报告 *Convergence Analysis for Adaptive Control Systems with Unknown Orders, Delay and Coefficients*
	苏联	访问苏联科学院控制科学研究所, 并做报告 *Identification and Adaptive Control for ARMAX Systems*
1990 年		
7 月	美国	参加明尼苏达大学数学研究所主办的 Workshop on Time Series Analysis and Its Application, 并做报告 *Convergence of Åström-Wittenmark Self-tuning Regulator and Related Topics*

续表

时间	访问地	事由
8 月	苏联塔林	参加第十一届 IFAC 世界大会，并做两个报告 *Identification of Coefficients, Orders and Time-delay for ARMAX Systems* 及 *Stochastic Adaptive Control for ARMAX Systems with Unknown Orders, Time-delay and Coefficients (co-authored with Ji-Feng Zhang)*
1991 年		
6 月	杭州	参加 MTNS-91 的会前会，做报告 *On Adaptive Stabilization*
6 月	日本	参加在神户举办的 MTNS-91 会议，并做报告 *Parameter Identification in Stochastic Adaptive Tracking Systems (co-authored with Lei Guo)*
7 月	匈牙利	参加在布达佩斯举办的 IFAC Symposium on System Identification (Identifaction-91)，并做报告 *Åström-Wittenmark Self-tuning Tracker* (co-authored with Lei Guo)

续表

时间	访问地	事由
9 月	美国	应邀在 Workshop on Stochastic Theory and Adaptive Control (Lorence Kansas) 上做综述报告 *Stochastic Adaptive Control*
9 月	美国	访问堪萨斯大学 (University of Kansas), 开展合作研究, 并做系列讲座: 五次讲 *Identification and adaptive control*
10 月	加拿大	访问麦吉尔大学 (McGill University), 合作研究 *Systems with jump parameters*
11 月	美国	访问韦恩州立大学 (Wayne State University), 并做报告 *Stochastic Adaptive Control*, 做合作研究
1992 年		
	法国	访问马赛大学 (University of Marseille) 做合作研究, 并做报告 *Continuous-time Adaptive LQ Control*
	法国	访问格勒诺布尔大学 (University of Grenoble), 并做报告 *Identification and Adaptive Control for ARMAX Systems* 访问巴黎十一大学, 并做报告 *Adaptive Stabilization*

续表

时间	访问地	事由
	法国	参加 International Workshop on Bayesian and Classical Econometric Modeling of Time Series，并做报告 *Strong Consistence of the ELS Estimate for Unstable ARMAX Processes*
	北京	参加第二届中国—波兰系统控制研讨会，并做报告
	南京	参加全国控制理论及其应用学术会议
10 月	西安	参加全国智能及适应控制会议，并做报告《适应跟踪》
12 月	广州	参加随机分析和控制研讨会，并做报告《随机逼近的渐近有效性》
1993 年		
5—6 月	美国	访问堪萨斯大学（University of Kansas），并做报告 *Stochastic Approximation*
7 月	澳大利亚	参加第十二届 IFAC 世界大会（Sydney），并做报告 *Stochastic Adaptive LQ Control*
8—9 月	荷兰	访问特文特大学（Twente University）做合作研究，并做报告 *Stochastic Approximation as a Tool for Convergence Analysis*

续表

时间	访问地	事由
	荷兰	访问阿姆斯特丹数学中心,并做报告 *Adaptive Tracking*。对荷兰 System and Control Network 的研究生做报告 *Least Squares Identification*
	德国	参加在雷根斯堡举办的 93' MTNS Conference, 并做报告 *Continuous-time Stochastic Approximation*
	武汉	参加全国控制理论及其应用学术会议并做报告《收敛性分析中的 ODE 方法》
	珠海	参加中国自动化学会学术年会, 演讲《控制理论: 现状与展望》被选为自动化学会第六届理事长
1994 年		
7 月	丹麦	参加在哥本哈根举办的 IFAC Symposium on System Identification, 并做报告 *On Ljung's Approach to System Parameter Identification*; 参加 IFAC 技术局会议和 IPC 会议
8 月	太原	参加 CCC(由 "全国控制理论及其应用学术会议"改名而来) 并做报告

时间	访问地	事由
11 月	香港	参加 Hong Kong International Workshop on New Directions of Control and Manufacturing, 并做报告 *Stochastic Approximation and Its New Applications*
1995 年		
3 月	波兰	参加在华沙 Banach 中心举行的 Workshop on Stochastic Control and Adaptive Control 学术研讨会, 并做报告 *Stochastic Approximation and Its Applications*
4—6 月	美国	访问堪萨斯大学 (University of Kansas), 并讲授 "随机逼近" 研究生课程
	美国	参加在圣路易斯 (St. Louis) 举行的 SIAM 控制会议, 并做报告 *Adaptive Pole Assignment for Controllable Systems*
	美国	访问阿拉巴马大学 (University of Alabama, Tuscaloosa), 并做报告 *Stochastic Approximation and Its Applications*

时间	访问地	事由
	美国	在麻省理工学院 (MIT) 与哈佛 (Harvard) 大学联合讨论班上做报告 *Recent Progress of Stochastic Approximation*
6 月	香港	参加 "信息和控制国际会议",并做报告 *Adaptive Pole Assignment*
8 月	沈阳	参加中韩双边控制会议,做大会报告 *Stochastic Approximation and Its New Applications*
11—12 月	香港	访问香港科技大学,开展合作研究,并做报告 *Identification and Stochastic Adaptive Control*
12 月	美国	参加在新奥尔良 (New Orleans) 举行的 IFAC' 96 IPC 会议和 CDC' 96 IPC 会议
1996 年		
6 月 30 日 —7 月 5 日	美国	参加在旧金山 (San Francisco) 举办的第十三届 IFAC 世界大会,并做报告 *Recent Development in Stochastic Approximation*
	巴哈马	参加 Meeting on Encyclopedia of Life Support Systems

续表

时间	访问地	事由
8 月		参加青年控制科学家大会, 做大会报告《随机逼近及其应用》
11 月	日本	访问鸟取大学(Tottori University) 做两次报告 *Stochastic Approximation* 及 *Theory and Its Application to Systems and Control*
	日本	访问应庆义塾大学 (Keio University), 做报告 *Identification and Adaptive Control for ARMAX Systems*
	日本	访问东京工业大学 (Tokyo Institute of Technology), 做报告 *Identification and Adaptive Control for ARMAX Systems*
	日本	访问九州大学 (Kyushu University), 做报告 *Identification and Adaptive Control for ARMAX Systems*
	日本	访问大分大学 (Oita University), 做报告 *From Control to Adaptive Control for Stochastic Systems*

续表

时间	访问地	事由
	日本	访问佐贺大学 (Saga University), 做报告 *Stochastic Approximation: Recent Progress*
	日本	访问熊本大学(Kumamoto University), 做报告 *Identification and Adaptive Control for Stochastic Systems*
	日本	访问冈山大学 (Okayama University),做报告 *Identification and Adaptive Control for ARMAX Systems*
	日本	访问冈山县立大学 (Okayama Prefecture University), 做报告 *Identification and Adaptive Control*
	日本	在鸟取大学 (Tottori University), 做报告: ① *Research, Education, and Societies in China;* ②*Order and Time Delay Estimation and Adaptive Pole Assignment*
11 月	日本京都	参加在京都举办的第二十八届 ISCIE International Symposium on Stochastic Systems Theory and Its Applications, 并做特殊报告 *From Control to Adaptive Control for Stochastic Systems*; 另做一般报告 *Reducing Measurements for Kiefer-Wolfowitz Algorithm*

续表

时间	访问地	事由
11 月	日本佐贺	参加第十五届 SICE Kyushu Branch Annual Conference, 并做报告 *Identification and Adaptive Control for AR-MAX Systems*
1997 年		
4 月 29 日	杭州	访问杭州大学, 并做报告《随机逼近》
5 月 5 日	南京	访问东南大学, 并做报告《随机逼近》
5 月 8 日	合肥	访问中国科学技术大学, 并做报告《随机系统的辨识及适应控制》
6 月 23 日	西安	参加全球华人智能控制大会, 并做报告 *Identification and Adaptive Control*
7 月 7—12 日	日本	参加第十一届 IFAC Symposium on Intelligent Control and Intelligent Automation, 并做报告 *Trajectory of Stochastic Approximation Algorithm in Multi-root Case*
7 月 21—26 日	韩国	参加第二届亚洲控制会议, 做大会报告 *Identification and Adaptive Control for Stochastic Systems*; 还做报告 *Necessary and Sufficient Conditions on Noise for Convergence of SA Algorithms: Multi-root Case*

续表

时间	访问地	事由
8 月 20 日	庐山	参加 CCC, 并做报告《非加性噪声下的随机逼近》
1998 年		
2 月	香港	参加 IEE Hong Kong 十周年庆祝活动, 并做报告 *Stochastic Approximation:A Powerful Tool in Dealing with Engineering Problems*
		访问香港城市大学, 并做报告 *Identification and Adaptive Control for Stochastic Systems*
		访问香港中文大学, 并做报告 *Applications of Stochastic Approximation to Engineering Problems*
		访问香港大学, 并做报告 *Applications of Stochastic Approximation to Engineering Problems*
7 月	法国	参加在南特 (Nantes) 举行的第十四届 IFAC 世界大会 IPC 会议
7—12 月	香港	访问香港理工大学, 开展合作研究
1999 年		
7 月 5—9 日	北京	参加第十四届 IFAC 世界大会, 担任国际程序委员会主席

续表

时间	访问地	事由
10 月 26 日—11 月 2 日	香港	访问香港理工大学, 并做两个报告 *Stochastic Approximation: Theory and Applications* 及 *Development of System and Control Theory*
2000 年		
4 月 20 日—5 月 5 日	美国	访问韦恩州立大学 (Wayne State University), 开展合作研究, 并做报告 *Some Developments in Stochastic Approximation*
6 月 28 日—7 月 2 日	合肥	参加第三届全球华人智能会, 并做报告 *Asymptotic Pole Assignment by Learning*(co-authored with C. R. Cao)
7 月 4—7 日	上海	参加第三届亚洲控制会议, 并做报告 *Adaptive Regulation for Nonlinear Nonparametric Systems* (coauthored with Q. Wang)
7 月 7—15 日	希腊, Patras	参加 IFAC Symposium on Manufacturing, Modeling, Management and Control, 并做报告 *Identification of Stochastic Systems While Stabilizing It*, 参加 IFAC 技术局会议
8 月 1—7 日	哈尔滨	参加 "系统仿真与控制" 研讨会

续表

时间	访问地	事由
10 月 9—15 日	成都	参加 2000 年中国自动化学会工作会议
10 月 22—26 日	香港	参加 International Workshop on Optimization with High Technology Applications, 并做报告 *Stochastic Approximation and Its Application to Adaptive Filtering and Blind Identification*
11 月 10—15 日	宁波	参加《中国科学》编委会
11 月 27 日 —12 月 4 日	香港	访问香港理工大学, 并做报告 *Stochastic Approximation for Engineering Problems*
12 月 6—9 日	香港	参加第十九届 CCC, 并做报告 *Identification of ARX Systems*
12 月 11—13 日	南京	访问南京气象学院, 并做报告《系统控制的发展》
2001 年		
5 月 1 日 —8 月 31 日	香港	访问香港科技大学, 其间参加 International Workshop on Control, Optimization, Signal Processing and Computer Communications, 并做报告 *Stochastic Approximation for Engineering Problems*
8 月 9—13 日	大连	参加第二十届 CCC, 合作论文《曹显兵, 陈翰馥, 不用外来激励信号的 ARMAX 系统的辨识》

续表

时间	访问地	事由
10 月 16—20 日	韩国	参加国际自动化及系统会议
2002 年		
6 月 16—19 日	厦门	参加 2002 International Conference on Control & Automation, 并做报告 Iterative Learning Control
7 月 21—26 日	西班牙	参加第十五届 IFAC 世界大会, 并做报告 Stochastic Approximation Algorithm with Expanding Truncations
8 月 12—16 日	杭州	参加第二十一届 CCC, 并做报告 Output Tracking by ILC for Stochastic Systems
8 月 30 日 —9 月 1 日	西安	在 Satellite Conference of ICM2002 on Control and Optimization 做报告 Stochastic Approximation in Control and Optimization
9 月 9 日 —10 月 9 日	香港	访问香港科技大学
10 月 21—25 日	北京	参加复杂系统的干预与控制国际研讨会, 并做大会报告 Noisy Observation Based Stabilization and Optimization for Unknown Systems

续表

时间	访问地	事由
2003 年		
1 月	台湾	访问台湾科学院统计所、台湾海洋大学、清华大学、中正大学、成功大学，并做报告*Stochastic Approximation and Its Applications to Signal Processing* 及*Control of Unknown Systems with Noisy Observations*
3 月 16—22 日	日本	访问京都大学 (Kyoto University)，并做报告*Control of Unknown Systems with Noisy Observations*
		访问大阪大学 (Osaka University) 并做报告*Identification of ARMAX Systems*
6 月 30 日	荷兰	赴鹿特丹参加 IFAC 执委会
8 月 11—14 日	宜昌	参加第二十二届 CCC，并做报告*Coefficient Identification for Errors-in-variables Systems*
10 月 27 日—11 月 2 日	香港	访问香港中文大学，并做报告*Topics in Nonlinear Stochastic Systems*
2004 年		
6 月 14—21 日	俄罗斯	赴圣彼得堡参加国际自动控制联合会执委会会议

时间	访问地	事由
8 月 10—12 日	无锡	参加第二十三届 CCC, 担任大会总主席, 并做报告 *Recursive Identification for Multidimensional ARMA Processes with Increasing Variances*
9 月 13—16 日	北京	参加 International Conference on Control, Partial Differential Equations, and Scientific Computing, 并做报告 *Stochastic Approximation Methods in Systems and Control*
10 月 16—17 日	北京	参加第二届中国—瑞典控制会议, 并做报告 *Stochastic Approximation Methods in Systems and Control*
11 月 2—30 日	香港	访问香港中文大学并做报告 *Identification of Hammerstein and Wiener Systems*
2005 年		
4 月 25 日—5 月 21 日	新加坡	访问新加坡国立大学, 开展合作研究, 并做报告 *Stochastic Approximation Methods in Systems and Control*
		访问南洋理工大学并做报告 *Recursive System Identification–from Linear to Nonlinear*

续表

时间	访问地	事由
6 月 26—29 日	匈牙利	参加在布达佩斯特举办的第五届 International Conference on Control and Automation, 并做报告 *Nonparametric Approach to Identification of Hammerstein and Wiener Systems*
7 月 3—8 日	捷克	参加在布拉格举办的第十六届 IFAC 世界大会, 并做报告 *Recursive Identification for Hammerstein and Wiener Systems with Piece-wise Linear Memory-less Block*
7 月 15—18 日	广州	参加第二十四届 CCC, 并做报告 *Self-tuning Regulator for Hammerstein and Wiener Systems*
7 月 19 日	深圳	参加 Systems and Optimization Day, 并做报告 *Identification and Adaptive Control for Hammerstein and Wiener Systems*
7 月 24—30 日	威海	参加中国数学会七十周年大会, 并做报告 *Identification and Adaptive Regulation for A Class of Nonlinear Systems*

续表

时间	访问地	事由
2006 年		
3 月 28—30 日	澳大利亚 Newcastle	参加第十四届 IFAC Symposium on Systems Identification, 并做报告 *Identification and Adaptive Control for Hammerstein and Wiener Systems*
5 月 18—19 日	瑞典	参加第三届中国—瑞典控制会议, 并做报告 *Recursive System Identification by Stochastic Approximation*
8 月 7—11 日	哈尔滨	参加第二十五届 CCC, 担任总主席, 并做报告 *Recursive Identification for Multivariate Errors-in-variables Systems*
11 月 12—16 日	杭州	参加中国自动化学会理事会
2007 年		
1 月 12—13 日	香港	访问香港科技大学, 参加 Asian Control Forum: The Frontier of Modern Control Theory and Applications, 并做报告 *Recursive System Identification*
5 月 30 日—6 月 1 日	广州	参加第六届 IEEE International Conference on Control and Automation, 并做大会报告 *Recent Progress in Recursive Identification*

续表

时间	访问地	事由
7月26—31日	张家界	参加第二十六届 CCC, 并做报告 *Identification for Multivariate ARMA Systems Without SPR Condition*, 担任总主席
10月20—21日	常熟	参加第二届 Joint Workshop on Control and Automation'07, 并做大会报告 *New Recursive Identification Algorithm for ARMA Processes*
11月21—26日	台湾	参加第一届海峡两岸控制研讨会, 并做报告 *Recursive Methods for Identification of ARMA*
2008年		
1月10—16日	香港	参加第四届中国—瑞典控制会议, 并做报告 *New Recursive Identification Algorithms for Multivariate ARMAX Systems*
3月21—22日	上海	参加亚洲控制论坛, 并做报告 *Recursive Identification Algorithms for ARMAX Systems*
4月16日	南京	访问南京理工大学, 并做报告 *Recursive Method in System Identification*

续表

时间	访问地	事由
7 月 1—2 日	武汉	参加第三届 International Symposium on Control Science and Engineering, 并做报告 *Recursive Algorithms Estimating ARMAX*
7 月 6—12 日	韩国 Seoul	参加 IFAC 世界大会, 并做报告 *Recursive Identification of EIV ARMA Processes*
7 月 16—18 日	昆明	参加第二十七届 CCC, 做报告 *Recursive Identification for ARMAX Systems*, 担任总主席
10 月 19—26 日	济南	参加第二届海峡两岸控制研讨会, 并做报告 *Recursive Identification for Nonlinear Systems*
2009 年		
3 月 14—15 日	日本京都	参加由中国科学院数学与系统科学研究院、日本京都大学和香港部分大学联合举办的 Joint Workshop of Beijing, Hong Kong, and Kyoto on Computational Mathematics, Computer and Systems Sciences, 并做报告 *A Unified Recursive Approach to System Identification*

时间	访问地	事由
7月5—9日	法国	参加第十五届 IFAC Symposium on System Identification, 并做报告 *A Unified Recursive Approach to System Identification and Control*
8月27—29日	香港	参加第七届 Asian Control Conference, 并做大会报告 *Recursive Approach to System Identification and Control*
9月15—20日	山东	访问山东大学、济南大学、鲁东大学, 并做报告
10月22—25日	湖南	访问中南大学、国防科技大学, 并做报告
12月15—18日	上海	参加第四十八届 IEEE CDC 暨第二十八届 CCC, 并做报告 *Identification of Both Coefficients and Orders for ARMAX Systems* (coauthored with Wen-Xiao Zhao)
12月20—21日	深圳	参加 International Workshop on Networked Control Systems, 并做报告 *Stochastic Methods for Seeking Consensus of Networked Agents*
2010年		
2月2—6日	香港	参加香港中文大学"院士访校计划"

续表

时间	访问地	事由
6 月 7—8 日	厦门	参加 ICCA2010
7 月 6—8 日	济南	参加第八届全球华人智能控制与自动化大会
7 月 29—31 日	北京	参加第二十九届 CCC, 担任总主席, 合作论文《Hammerstein-Wiener 系统的迭代学习控制》(沈栋, 陈翰馥) 以及《多输入多输出 Hammerstein 系统的递推辨识》(陈性敏, 陈翰馥)
8 月 14—16 日	上海	参加第二届控制科学与工程前沿问题研讨会
9 月 11—16 日	英国 Bristol	参加 Workshop on Stochastic Approximation: Methodology, Theory and Applications in Statistics, 并做邀请报告 *Stochastic Approximation for System Identification*
11 月 5—7 日	信阳	参加《系统科学与数学》创刊 30 周年暨《系统科学与数学》/《系统科学与复杂性学报》两刊编委会会议
11 月 12—15 日	昆明	参加应用数学中的若干热点问题学术报告会"系统辨识的随机逼近方法"
12 月 8—9 日	广州	参加自动控制先进理论和应用技术研讨会, 并做报告《递推分析主要分量》

续表

时间	访问地	事由
2011 年		
4 月	北京	访问北京工商大学，做报告《试用随机逼近解问题》
5 月 13—18 日	台湾	参加第八届亚洲控制会议，并做报告 *Recursive System Identification*
		访问台中中兴大学，并做报告《用随机逼近解问题》
7 月	上海	访问上海大学，并做报告《试用随机逼近解问题》
7 月 20—25 日	烟台	参加第三十届 CCC，担任总主席，合作论文《函数系数 ARX 系统的递推辨识》(陈性敏，陈翰馥)
8 月 26 日—9 月 3 日	意大利米兰	参加第十八届 IFAC 世界大会，并做报告 *Block-oriented Nonlinear System Identification*
10 月	浙江	访问浙江工业大学，并做报告《系统控制问题的递推解法》
2012 年		
5 月 11—12 日	北京	参加系统建模研讨会，并做报告《系统建模问题的递推解法》
7 月 6—8 日	北京	参加第十届 World Congress on Intelligent Control and Automation，合作论文 *Stochastic Approximation Based PCA and Its Applications to Identification of EIV Systems* (Wen-Xiao Zhao, Han-Fu Chen)

续表

时间	访问地	事由
7 月 25—30 日	合肥	参加第三十一届 CCC, 担任总主席, 合作论文 *Recursive Identification for Multivariate EIV Linear Systems* (Bi-Qiang Mu, Han-Fu Chen)
9 月 5—6 日	沈阳	参加"控制科学前沿与挑战"研讨会, 并做报告《系统控制与参数估计》
9 月 15 日	北京	参加国防大学国防信息化与战略管理将军论坛, 并做报告《系统控制的发展》
10 月 24 日	北京	访问航天科技集团九院十三所, 并做报告《系统控制的发展》
11 月 15—18 日	成都	参加控制理论发展战略报告研讨及评议会; 访问西南交通大学, 并做报告《处理系统控制问题的统一框架》
11 月 21 日	南京	访问南京理工大学, 并做报告《系统控制的发展》
2013 年		
4 月 18—20 日	青岛	参加第五届控制科学与工程前沿论坛
4 月 25 日	北京	在清华大学做报告《系统辨识的递推方法》
5 月 25—27 日	贵阳	参加第二十五届中国控制与决策会议, 并做大会报告 *Recursive Approach to System Identification*

续表

时间	访问地	事由
5 月 29 日—6 月 5 日	杭州、上海	访问杭州师范大学、浙江大学、上海复旦大学, 分别做报告
6 月 23—26 日	土耳其 Istanbul	参加在伊斯坦布尔召开的第九届亚洲控制会议, 合作论文 *A Local Information Criterion for Order Identification of Nonlinear ARX Systems* (Wen-Xiao Zhao, et al)
7 月 14—19 日	台湾	参加第六届全球华人数学家大会 (ICCM), 做大会报告 *Parameter Estimation in Systems and Control*
7 月 26—28 日	西安	参加第三十二届 CCC, 合作论文:《非线性随机系统辨识 – 函数值、梯度及系统阶的强一致估计》(赵文虓, 陈翰馥)
10 月 16—17 日	香港	参加中国科学院国家数学与交叉科学中心–香港中文大学合作研讨会, 并做报告 *Ubiquity of Parameter Estimation in System and Control*
12 月 17—22 日	三亚	参加第二届清华三亚国际数学论坛
2014 年		
6 月	杭州	访问杭州师范大学陈建功高等研究院, 并做报告《解系统控制问题的递推方法》

续表

时间	访问地	事由
7 月 26—27 日	泰安	参加 Workshop on Cooperative Estimation and Control over Networks, 做报告 *On Matrix Fraction Description for LTI Systems*
7 月 28—30 日	南京	参加第三十三届 CCC
9 月 22—30 日	克罗地亚	访问萨格勒布大学，并做报告 *Recursive Approach to Solving Problems from Systems and Control*
11 月	西安	在西安交通大学做报告《系统控制问题的递推求解》
12 月 7—9 日	广州	参加第二届中国自动化学会控制理论专业委员会随机系统与控制专题研讨会
2015 年		
3 月 22—24 日	成都	参加第六届中国—瑞典控制会议
7 月 28—30 日	杭州	参加第三十四届CCC 和日本仪器与控制工程师学会 2015 年会
10 月 19—21 日	北京	参加第十七届 IFAC Symposium on System Identification, 并做大会报告 *Recursive Identification and Adaptive Regulation for Nonlinear Systems*,另有合作论文 *Recursive Identification of Hammerstein Systems with Noisy Observation* (Bi-Qiang Mu, et al)

时间	访问地	事由
12 月 15—18 日	日本	参加在大阪举行的第五十四届 IEEE Conference on Decision and Control, 合作论文 *Structure Analysis of Matrix Fraction Description for LTI Systems* (Bi-Qiang Mu, et al) 以及 *Recursive Identification of Nonparametric Nonlinear Systems with Binary-valued Output Observations* (Wen-Xiao Zhao, et al)
2016 年		
7 月 13—15 日	成都	参加第三十五届 CCC
11 月 8 日	莫斯科	参加第一届俄罗斯–德国多尺度生物数学会议, 并做报告 *Recursive Systems Identification*

论　　著

Books

1. Kwan, C.C. and H.F. Chen, *Controllability and Observability for Linear Control Systems* (in Chinese), Science Press, 1975.

2. Chen, H.F., *Recursive Estimation and Stochastic Control for Discrete-Time Systems* (in Chinese), Science Press, Beijing, 1980.

3. Chen, H.F., *Stochastic Recursive Estimation* (in Chinese), Science Press, Beijing, 1984.

4. Chen, H.F. *Recursive Estimation and Control for Stochastic Systems,* John Wiley, New York, 1985.

5. Chen, H.F. and L. Guo, *Identification and Stochastic Adaptive Control,* Birkhä user, Boston, 1991.

6. Chen H. F. and Y. M. Zhu, *Stochastic Approximation* (in Chinese), Shanghai Scientific and Technological Publishers, 1996.

7. Chen, H. F., Stochastic Approximation and Its Applications, Kluwer Academic Publishers, Dordrecht, 2002.

8. Chen, H. F. and W. X. Zhao, Recursive Identification and Parameter Estimation, CRC Press, Taylor & Francis, Boca Raton, 2014.

Papers (*Conference papers published later in periodicals are not listed.*)

1. Chen, H.F. and W.F. An, Prediction and filtering problems for signals of stationary random process with polynomial superimposed (in Chinese), Acta *Automatica Sinica,* Vol.4, No.1, 1966, 60-66.

2. Chen, H.F., On stochastic observability, *Scientia Sinica,* Vol.20, No.3, 1977, 305-324.

3. Chen, H.F., Linear singular stochastic control (in Chinese), *Acta Mathematica Sinica,* Vol.20, No.2, 1977, 148-152.

4. Chen, H.F., On stochastic controllability (in Chinese), *Acta Mathematicae*

Applicatae Sinica, Vol.1, No.2, 1978, 175-179.

5. Chen, H.F., Optimality of estimates without the knowledge of initial values (EWKIV), Scientia Sinica, Vol.22, No.6, 1979, 615-627.

6. Chen, H.F., The stochastic observability and estimates without the knowledge of initial values for continuous time systems, *Scientia Sinica*, Special Issue (II) on Mathematics, 1979, 281-293.

7. Chen, H.F., The statistical characteristics of estimates without the knowledge of initial values (in Chinese), *Acta Mathematica Sinica*, Vol.22, No.1, 1979, 118-122.

8. Chen, H.F., Stochastic control problems with the quadratic performance index (in Chinese), *Acta Mathematica Sinica*, Vol.22, No.4, 1979, 438-447.

9. Chen, H.F., Stochastic control under the minimax performance index of the quadratic type (in Chinese), *Scientia Sinica*, Special Issue (I) on Mathematics, 1979, 165-177.

10. Chen, H.F., Linear unbiased minimum variance interpolation and extrapolation (in Chinese), *Acta Mathematica Sinica*, Vol.23, No.1, 1980, 88-97.

11. Chen, H.F., On stochastic observability and controllability, *Automatica*, Vol.16, No.2, 1980, 179-190.

12. Chen, H.F., Comments on "An asymptotic property for a class of finite difference equations", *Int. J. Control*, Vol.31, No.5, 1980, 1011.

13. Chen, H.F., Least squares identification for continuous time systems, In Bensoussan & Lions (Eds.), Analysis and Optimization, Lecture Notes in Control and Information Science, Vol.28, 264-277, Springer, 1980.

14. Chen, H.F., Singular games for the linear quadratic Gaussian systems, Scientia Sinica, Vol.24, No.6, 1981, 182-193.

15. Chen, H.F., Equivalent conditions for stochastic observability (in Chinese), Acta Mathematica Sini- ca, Vol.24, No.6, 1981, 254-259.

16. Chen, H.F., Unified controls and strategies applicable to both singular and nonsingular cases, Con- trol Science and Technology for Progress of Society, Proceedings of the 8th IFAC World Congress, Kyoto, 1981.

17. Chen, H.F., Recursive algorithms for adaptive beam-formers, Kexue Tongbao (Science Bulletin), Vol.26, No.6, 1981, 490-493.

18. Chen, H.F., Consistency of least squares identification (in Chinese), *Acta Mathematica Scientia*, Vol.1, No.2, 1981, 177-183.

19. Chen, H.F., Strong consistency of recursive identification under correlated noise, *J. Sys. Sci. & Math. Scis.*, Vol.1, No.1, 1981, 34-52.

20. Chen, H.F., Quasi-least-squares identification and its strong consistency, *Int. J. Control*, Vol.34, No.5, 1981, 921-936.

21. Chen, H.F., Strong consistency and convergence rate of least squares identification, *Scientia Sinica (Series A)*, Vol.25, No.7, 1982, 771-784.

22. Chen, H.F., Unified control law under the quadratic performance index, *Acta Mathematicae Applicatae Sinica*, Vol.5, No.1, 1982, 45-52.

23. Chen, H.F., Self-tuning controller and convergence under correlated noise, *Int. J. Control*, Vol.35, No.6, 1982, 1051-1059.

24. Chen, H.F., Stochastic approximation with ARMA measurement errors, *J. Sys. Sci. & Math. Scis.*, Vol.2, No.3, 1982, 227-239.

25. Chen, H.F., Two kinds of linear estimates in Hilbert space and their connection (in Chinese), *Acta Mathematica Sinica*, Vol.25, No.6, 1982, 671-679.

26. Chen, H.F., On continuous time stochastic approximation, In Bensoussan & Lions (Eds.), *Analysis and Optimization*, Lecture Notes in Control and Information Science, Vol.44, Springer, 1982, 203-214.

27. Caines, P.E. and H.F. Chen, On the adaptive control of stochastic systems with random parameters: a counterexample, *Recursive di Automatica*, Vol.13, No.1, 1982, 190-196.

28. Chen, H.F., Strong consistency in system identification under correlated noise, *Proceedings of the 6th IFAC Symposium on Identification and System Parameter Estimation*, Pergamon Press, Oxford, 1983, 964-969.

29. Chen, H.F., Consistency theorem in system identification (in Chinese), *Acta Mathematicae Applicatae Sinica*, Vol.6, No.2, 1983, 149-159.

30. Chen, H.F., Convergence and consistency for recursive identification procedures, *Acta Mathematicae Applicatae Sinica*, Vol.6, No.1, 1983, 50-60.

31. Kwan, C.C., H.F. Chen, D.X. Feng, J.Q. Wei and E.P. Wang, Analysis of quantization error for the inertial navigation system, *J. Sys. Sci. & Math. Scis.*, Vol.3, No.3, 1983, 220-237.

32. Chen, H.F., Continuous time stochastic approximation with measurement error being process of dependent increment, *Acta Mathematica Scientia*, Vol.3, No.1, 1983, 57-70.

33. Chen, H.F., Stochastic approximation under correlated measurement errors (in Chinese), *Scientia Sinica*, No.3, 1983, 264-274.

34. Chen, H.F., Asymptotic normality of continuous time stochastic approximation algorithm, English Edition, *Acta Mathematicae Applicatae Sinica*, Vol.1, No.1, 1984, 31-43.

35. Chen, H.F., Asymptotic normality of stochastic approximation under correlated noise, *J. Sys. Sci. & Math. Scis.*, Vol.4, No.2, 1984, 136-159.

36. Chen, H.F., Asymptotic properties of least squares identification, *Acta Mathematica Sinica*, Vol.27, No.1, 1984, 20-30.

37. Chen, H.F., Adaptive control for continuous stochastic systems with quadratic loss function, *Acta Mathematica Scientia*, Vol.4, No.1, 1984, 51-70.

38. Chen, H.F., Recursive system identification and adaptive control by use of the modified least squares algorithm, *SIAM J. Control and Optimization*, Vol.22, No.5, 1984, 758-776.

39. Chen, H.F. and P.E. Caines, Adaptive linear quadratic control for stochastic discrete time systems, *IMA J. Math. Control and Information*, Vol.2, 1985, 319-334.

40. Chen, H.F. and P.E. Caines, On the adaptive control of a class systems with random parameters and disturbances, *Automatica*, Vol.21, No.6, 1985, 737-741.

41. Caines, P.E. and H.F. Chen, Optimal adaptive LQG control for systems with finite state process parameters, *IEEE Trans. on Autom. Control*, Vol.AC-30, No.2, 1985, 185-189.

42. Chen, H.F. and P.E. Caines, Strong consistency of stochastic gradient algorithm of adaptive control, *IEEE Trans. on Autom. Control*, Vol.AC-30, No.2, 1985, 189-192.

43. Chen, H.F. and L. Guo, Strong consistence of parameter estimates for discrete time stochastic systems, *J. Sys. Sci. & Math. Scis.*, Vol.5, No.2, 1985, 81-93.

44. Chen, H.F. and L. Guo, Strong consistence of recursive identification by no

use of persistent excitation condition, *Acta Mathematicae Applicatae Sinica*, Vol.2, No.2, (English Edition), 1985, 133-145.

45. Chen, H.F. and Y.M. Zhu, Stochastic approximation procedures with randomly varying truncations, *Scientia Sinica (Series A)*, Vol.29, No.9, 1986, 914-926.

46. Chen, H.F. and L. Guo, The limit of stochastic gradient algorithm for identifying systems excited not persistently, *Kexue Tongbao (Science Bulletin)*, No.1, 1986, 6-9.

47. Chen, H.F. and L. Guo, Stochastic adaptive pole-zero assignment with convergence analysis, *Systems and Control Letters*, Vol.7, No.3, 1986, 159-164.

48. Chen, H.F. and L. Guo, Optimal adaptive control with quadratic index, *Int. J. Control*, Vol.43, No.3, 1986, 869-881.

49. Chen, H.F. and L. Guo, Strong consistence of parameter estimates in the optimal adaptive tracking systems, *Scientia Sinica (Series A)*, Vol.29, No.11, 1986, 1145-1156.

50. Chen, H.F. and L. Guo, Convergence rate of least squares identification and adaptive control for stochastic systems, *Int. J. Control*, Vol.44, No.5, 1986, 1459-1476.

51. Chen, H.F., C.T. Wu and Y.M. Zhu, Continuous-time stochastic approximation algorithm with randomly varying truncations, *Acta Mathematica Scientia*, Vol.7, No.1, 1987, 43-55.

52. Chen, H.F. and L. Guo, Adaptive control with recursive identification for stochastic linear systems, in Leondes (Ed.) *Control and Dynamic Systems*, Vol.26, Part.2, Academic Press, 1987, 277-331.

53. Chen, H.F., Stochastic approximation with randomly varying truncations in the optimization problem, (in Chinese), *Acta Mathematicae Applicatae Sinica*, Vol.10, No.1, 1987, 58-67.

54. Chen, H.F. and Y.M. Zhu, Asymptotical properties of randomly truncated stochastic approximation procedures, *Acta Mathematica Scientia*, Vol.7, No.4, 1987, 431-441.

55. Chen, H.F. and L. Guo, Asymptotically optimal adaptive control with consistent parameter estimates, *SIAM J. Control and Optimization*, Vol.25, No.3,

1987, 558-575.

56. Chen, H.F. and L. Guo, Optimal adaptive control and consistent parameter estimates for ARMAX model with quadratic cost, *SIAM J. Control and Optimization*, Vol.25, No.4, 1987, 845-867.

57. Chen, H.F. and J.B. Moore, Convergence rate of continuous time ELS parameter estimation, *IEEE Trans. on Autom. Control*, Vol.AC-32, No.3, 1987, 267-269.

58. Chen, H.F. and L. Guo, Adaptive control via consistent estimation for deterministic systems, *Int. J. Control*, Vol.45, No.6, 1987, 2183-2202.

59. Chen, H.F. and L. Guo, Simultaneous estimation of both zero of regression function and parameters in noise, *J. Sys. Sci. & Math. Scis.*, Vol.7, No.2, 1987, 117-128.

60. Chen, H.F. and L. Guo, An unified approach to tracking and quadratic cost for stochastic adaptive control systems, *Preprints of the 10th IFAC World Congress*, 1987, Munich.

61. Chen, H.F. and L. Guo, Robustness analysis of identification and adaptive control for stochastic systems, *Systems and Control Letters*, Vol.9, 1987, 131-140.

62. Chen, H.F. and L. Guo, Consistent estimation of the order of the stochastic control systems, *IEEE Trans. on Autom. Control*, Vol.AC-32, No.6, 1987, 531-535.

63. Chen, H.F. and L. Guo, Stochastic adaptive control for a general quadratic cost, *J. Sys. Sci. & Math. Scis.*, Vol.7, No.4, 1987, 287-302.

64. Chen, H.F., Parameter identification and adaptive control, in Gu Chaohao and Wang Yuan (Eds.), *Advances in Science of China, Mathematics*, Vol.2, Science Press and John Wiley, 1987.

65. Chen, H.F., L. Guo and A.J. Gao, Convergence and robustness of the Robbins-Monro algorithm truncated at randomly varying bounds, *Stochas. Processes & Their Appl.*, Vol.27, 1988, 217-231.

66. Chen, H.F. and L. Guo, Law of iterated logarithm for state variables with applications, *Acta Math. Sinica, New Series*, Vol.1, No.4.

67. Chen, H.F. and L. Guo, A robust adaptive controller, *IEEE Trans. on Autom.*

Control, Vol.AC-33, No.11, 1988, 1035-1043.

68. Guo, L. and H.F. Chen, Convergence rate of ELS based adaptive trackers, *Sys. Sci. & Math. Scis.*, Vol.1, No.2, 1988, 131-138.

69. Guo, L. and H.F. Chen, Robust stochastic adaptive control for nonminimum phase systems, *Sys. Sci. & Math. Scis.*, Vol.1, No.1, 1988, 57-71.

70. Guo, L. and H.F. Chen, A method for adaptive estimation of ARMA process, *Systems and Control Letters*, Vol.11, 1988, 351-356.

71. Chen, H.F. and L. Guo, Nonstationary time series analysis, *Computer and Mathematics with application* (an International Journal), Vol.17, No.8/9, 1247-1258, 1989.

72. Guo, L., H.F. Chen and J.F. Zhang, Consistent order estimation for linear stochastic feedback control systems (CARMA model), *Automatica*, Vol.25, No.1, 1989, 147-151.

73. Chen, H.F. and L. Guo, The limit passage in the stochastic adaptive LQ control problem, *Control Theory and Applications*, Vol.6, No.1, 1989, 51-56.

74. Chen, H.F. and A.J. Gao, Robustness analysis of stochastic approximation algorithm, *Stochastics and Stochastics Reports*, Vol.26, 1989, 3-20.

75. Chen, H.F. and J.F. Zhang, Stochastic adaptive control for system with noise being an ARMA process, *Sys. Sci. & Math. Scis.*, Vol.2, No.1, 1989, 40-53.

76. Chen, H.F. and J.F. Zhang, Convergence rate in stochastic adaptive tracking, *Int. J. Control*, Vol.49, No.6, 1989, 1915-1935.

77. Chen, H.F. and J.F. Zhang, Identification and adaptive control for systems with unknown orders, time-delay and coefficients (Correlated noise case), in Chinese, *J. Sys. Sci. & Math. Scis.*, Vol.9, No.4, 1989, 355-363.

78. Chen, H.F., P.R. Kumar and J.H. Van Schuppen, On Kalman filter for conditionally Gaussian systems with random matrices, *Systems and Control Letters*, Vol.13, 1989, 397-404.

79. Chen, H.F. and L. Guo, Continuous time stochastic adaptive tracking: robustness and asymptotic properties, *SIAM J. Control & Optimization*, Vol.28, No.3, 1990, 513-529.

80. Chen, H.F. and J.F. Zhang, Identification of linear systems without assuming stability and minimumphase, *Science in China (Series A)*, Vol.33, No.6, 1990,

641-653.

81. Chen, H.F. and J.F. Zhang, Identification and adaptive control for systems with unknown orders, time-delay and coefficients (Uncorrelated noise case), *IEEE Trans. on Autom. Control*, Vol.AC-35, No.8, 1990, 866-877.

82. Chen, H.F. and J.F. Zhang, Identification of coefficients, orders and time-delay for ARMAX systems, Preprints of the 11th IFAC Congress, 1990, Vol.3, 129-134.

83. Chen, H.F. and J.F. Zhang, Stochastic adaptive control for ARMAX systems with unknown orders, time-delay and coefficients, Preprints of the 11th IFAC Congress, 1990, Vol.4, 81-86.

84. Chen, H.F. and J.F. Zhang, Convergence analysis for adaptive control systems with unknown orders, delay and coefficients, *System Science*, Vol.16, No.4, 1990, 27-46.

85. Chen, H.F., L. Guo and J.F. Zhang, Identification and adaptive control for ARMAX systems, *Lecture Notes in Control and Information Sciences*, Vol.161, Topics in Stochastic Systems: Modeling Estimation and Adaptive Control, Ed. L.Gerencser and P.E. Caines, Springer, 1991, 216-141.

86. Zhang, J.F., L. Guo and H.F. Chen, L_p-stability of tracking errors for time-varying systems, *Int. J. of Adaptive Control and Signal Processing*, **Vol.5**, 1991, 155-174.

87. Chen, H.F. and L. Guo, Stochastic control systems, *Contemporary Mathematics*, **118**, Probability Theory and Its Applications in China, Ed. by S.J. Yan, C.C. Yang and J.G. Wang, 1991, 1-22.

88. Tang Q.Y. and H.F. Chen, Optimal adaptive control with constraint for ARMAX model, *Systems Science and Mathematical Sciences* Vol.14, No.3, 1991, 254-263.

89. Chen, H.F., L. Guo and J.F. Zhang, LMS-like estimation for time-varying parameters, *Acta Mathematica Scientia*, Vol.11, No.3, 1991, 327-340.

90. Guo, L. and H.F. Chen, Convergence and optimality of Åström-Wittenmark's self-tuning tracker (in Chinese), *Science in China (Series A)*, No.9, 1991, 905-913.

91. Guo, L. and H.F. Chen, The Åström-Wittenmark's self-tuning regulator re-

visited and ELS-based adaptive trackers, *IEEE Trans. Automatic Control*, Vol.36, No.7, 1991, 802-812.

92. Chen, H.F. and J.F. Zhang, Adaptive regulation for deterministic systems, *Acta Mathematicae Applicatae Sinica*, Vol.7, No.4, 1991, 332-343.

93. Gao, A.J., H.F. Chen and Y.M. Zhu, Improved results for robustness of stochastic approximation algorithms, *Acta Mathematicae Applicatae Sinica*, Vol.8, No.2, 1992, 124-130.

94. Gao, A.J. and H.F. Chen, Adaptive stochastic approximation for measurement with correlated noise, *Syst. Sci. and Math. Scis.*, Vol.5, No.3 , 1992, 213-226.

95. Guo, L. and H.F. Chen, In uence of the measurement error on the adaptive control of a robot arm, *Acta Automatica Sinica*, Vol.18, No.3, 1992, 358-361.

96. Chen,H.F. et Cl. Deniau, Robustesse de l'estimateur des moindres carrés généralisés vis-à-vis d'une erreur de modèle, pour des processus ARMA, *C. R. Acad. Sci. Paris*, t.315, Série I, 1992, p. 1103-1106.

97. Chen, H.F., Stochastic adaptive control, *Stochastic Theory and Adaptive Control*, Lecture Notes in Control and Information Sciences 184, Eds. T.E.Duncan and B.Pasik-Duncan, Springer-Verlag, 1992, 93-120.

98. Guo, L. and H.F. Chen, Identification of stochastic time-varying parameters, *New Direction in Time Series Analysis*, Part II, The IMA Volumes in Mathematics and Its Applications, Vol. 46, Series Editors: A. Friedman and W. Mitter, Jr., Springer, 1993, pp 211-224.

99. Guo, L. and H.F. Chen, Convergence of Åström-Wittenmark's self-tuning regulator and related topics, *New Direction in Time Series Analysis*, Part II, The IMA Volumes in Mathematics and Its Applications, Vol. 46, Series Editors: A. Friedman and W. Mitter, Jr., Springer, 1993, pp 225-238.

100. Chen, H.F. and J.F. Zhang, Adaptive stabilization of unstable and nonminimum-phase stochastic systems, *Systems and Control Letters*, Vol.20, 1993, 27-83.

101. Chen, H.F., Adaptive LQ control for discrete-time stochastic system, *Science in China* (Series A), Vol.36, No.9, 1993, 1140-1152.

102. Chen, H.F. and J.F. Zhang, On identifiability for multidimensional ARMAX model, *Acta Mathematicae Applicatae*, Vol.9, No.1, 1993, 1-9.

103. Chen, H.F., Asymptotically efficient stochastic approximation, *Stochastics and*

Stochastics Reports, Vol.45, No.1+2, 1993, 1-16.

104. Zhang, J. F. and H. F. Chen, Adaptive control designed via deterministic excitation, *Control Theory and Applications*, Vol.10, No.2, 1993, 173-182.

105. Chen, H.F., Control theory: its status and hopes on it (in Chinese), *Information and Control*, Vol.23, No.1, 1994, 34-37.

106. Tang, Q.Y. and H.F. Chen, Convergence of perturbation analysis based optimization algorithm with fixed-number of customers period, *Discrete Event Dynamic Systems*, No.4, 1994, 359-373.

107. Chen, H.F. and C.Deniau, Parameter estimation for ARMA process with errors in models, *Statistics and Probability Letters*, No.20, 1994, 91-99.

108. Tang, Q.Y. and H.F. Chen, Computation of period for discrete event dynamic systems with multistage feedback control, *Control Theory and Applications*, Vol.11, No. 3, 1994, 366-370.

109. Chen, H.F. and Q.Y. Tang, Stability analysis for manufacturing systems composing of unreliable machines with random batch inputs, *IEEE Trans. Automatic Control*, Vol.39, No.3, 1994, 681-686.

110. Chen, H.F., Continuous-time stochastic approximation: convergence and asymptotic efficiency, *Stochastics and Stochastics Reports*, Vol. 51, 1994, 111-132.

111. Zhang, J.F. and H.F. Chen, Adaptive stabilization for continuous time systems with disturbances, International Journal of Adaptive Control and Signal Processing, Vol. 8, 1994, 483-499.

112. Chen, H. F., Stochastic approximation and its new applications, Proceedings of 1994 Hong Kong International Workshop on New Directions of Control and Manufacturing, 1994, 2-12.

113. Chen, H.F., Continuous-time stochastic adaptive control stabilizing the system and minimizing the quadratic loss function, *Systems Science and Mathematical Sciences*, Vol. 8, No. 2, 1995, 166-181.

114. Chen, H. F. and J. F. Zhang, Adaptive pole-assignment for controllable systems, *Science in China* (Series E) Vol. 39, No. 1, 1996, 103-112.

115. Tang, Q. Y., H. F. Chen and C. J. Han, Optimizing algorithms for perturbation analysis based stochastic discrete event systems, *Science in China* (Series

E) (in Chinese), Vol. 26, No. 1, 1996, 56-63.

116. Chen, H.F., T.Duncan and B.Pasik-Duncan, Stochastic adaptive control for continuous-time linear systems with quadratic cost, *Appl. Math. Optim.*, Vol.34, 1996, 113-138.

117. Li, Y. and H.F.Chen, Robust adaptive stabilization of time-varying discrete-time systems, *Acta Mathematica Scientia*, Vol. 16, No. 4, 1996, 375-387.

118. Li, Y. and H.F.Chen, Robust adaptive stabilization for time-varying systems with unmodeled dynamics and disturbances, *International Journal of Adaptive Control and Signal Processing*, Vol. 10, 1996, 531-550.

119. Li, Y. and H.F.Chen, Robust adaptive pole placement for linear time-varying systems, *IEEE Trans. Autom. Control*, Vol. 41, No. 5, 1996, 714-719.

120. Chen, H. F., T. E. Duncan and B. Pasik-Duncan, Reducing measurement for Kiefer-Wolfowitz algorithm, *Proceedings of the 28th ISCIE International Symposium on Stochastic Systems Theory and Its Applications* Kyoto, Nov. 14-16, 1996, 31-36.

121. Tang, Q. Y., H. F. Chen and Z.J. Han, Convergence rates of perturbation-analysis-Robbins-Monrosingle- run algorithms, *IEEE Trans. Automatic Control*, Vol. 42, No. 10,1997, 1442-1447.

122. Zhang, J. H. and H. F. Chen, Convergence of algorithms used for principal component analysis, *Science in China* (Series E), Vol 40, No. 6, 1997, 597-604.

123. Chen, H. F. and Xi-Ren Cao, Controllability is not necessary for adaptive pole placement control, *IEEE Trans. Autom. Control*, Vol. 42, No. 9, 1997, 1222-1229.

124. Cao, X. R. and H. F. Chen, Potentials, perturbation realization, and sensitivity analysis of Markov processes, *IEEE Trans. Autom. Control*, Vol. 42, No. 10, 1997, 1382-1393.

125. Bagchi, A., H. F. Chen, Optimal stochastic adaptive control for a class of stochastic systems, Sadhana, Academy Proceedings in Engineering Sciences, published by Indian Academy of *Sciences*, Vol. 22 Part 4, August 1997, 485-498.

126. Wang, G. J. and H. F. Chen, Global stochastic optimization under correlated measurement noise (in Chinese), *Acta Mathematica Applicatae Sinica*, Vol.

21, No. 1, 1998, 50-56.

127. Chen, H. F. and L. Guo, Modern control theory:some progress and perspectives, *Chinese Science Bulletin*, Vol. 43, No. 1, 1998, 1-6.

128. Chen, H. F., Convergence rate of stochastic approximation algorithms in the degenerate case, *SIAM J. Control and Optimization*, Vol. 36, No. 1, 1998, 100-114.

129. Chen, H. F. and Q. Wang, Continuous-time Kiefer-Wolfowitz algorithm with randomized differences, *Systems Science and Mathematical Sciences*, Vol. 11, No. 4, 1998, 327-341.

130. Chen, H. F., Stochastic approximation with non-additive measurement noise, *Journal of Applied Probability*, Vol. 35, 1998, 407-417.

131. Fang, H. T. and H. F. Chen, Sharp convergence rates of stochastic approximation for degenerate roots, *Science in China E*, Vol. 41, No. 4, 1998, 383-392.

132. Chen, H. F., Convergence of SA algorithms in multi-root or multi-extreme cases, *Stochastics and Stochastics Reports*, Vol. 64, 1998, 255-266.

133. Chen, H. F. and K. Uosaki, Convergence analysis of dynamic stochastic approximation, *Systems and Control Letters*, Vol. 35, 1998, 309-315.

134. Wang, G. J. and H. F. Chen, Behavior of stochastic approximation algorithm in root set of regression function, *Systems Science and Mathematical Sciences*, Vol. 12, No. 1, 1999, 92-96.

135. Chen, H. F., T. Duncan and B. Pasik-Duncan, A Kiefer-Wolfowitz algorithm with randomized differences, *IEEE Trans. Autom. Control*, Vol. 44, No. 3, 1999, 442-453.

136. Tang, Q. Y. and H. F. Chen, Convergence rate of ordinal optimization for stochastic discrete event systems, *J. of Discrete Event Dynamic Systems*, Vol 9, No 1, 1999, 23-43.

137. Chen, H. F. and L. Guo, China's control theory towards 21st century (in Chinese), *Control Theory and Applications*, Vol. 16 Suppl. December 1999, 23-26.

138. Tang, Q. Y., P. L'Ecuyer and H. F. Chen, Asymptotic efficiency of perturbation analysis based stochastic approximation with averaging, *SIAM J. Control and Optimization*, Vol. 37, 1999, 1822- 1847.

139. Tang, Q. Y., P. L'Ecuyer and H. F. Chen, Central limit theorems for stochastic optimization algorithms using infinitesimal perturbation analysis, *Discrete Event Dynamic Systems: Theory and Applications*, Vol. 10, No. 1/2, 2000, 5-32.

140. Chen, H. F. and X. R. Cao, Pole assignment for stochastic systems with unknown coefficients, *Science in China*, (Series E), Vol 43, No.3, 2000, 313-323.

141. Fang, H. T. and H. F. Chen, Stability and instability of limit points of stochastic approximation algorithms, *IEEE Trans. Autom. Control*, Vol. 45, No.3, 2000, 413-420.

142. Fang, H. T. and H. F. Chen, An a.s. convergent algorithm for global optimization with noise corrupted observations, *J. Optimization and Its Applications*, Vol. 104, No.2, 2000, 343-376.

143. Chen, H. F., Stochastic approximation with state-dependent noise, *Science in China*, (Series E), Vol 43, No. 5, 2000, 531-541.

144. Cheng, D., H. Du and H. F. Chen, Geometric structure in stochastic approximation, *Acta Mathe- maticae Applicatae Sinica*, Vol. 17, No.1, 53-59, 2001.

145. Fang, H. T., H. F. Chen and X. R. Cao, Recursive approaches for single sample path based Markov reward processes, *Asian Journal of Control*, Vol. 3, No. 1, 21-26, 2001.

146. Fang, H. T. and H. F. Chen, Asymptotic behavior of asynchronous stochastic approximation, *Science in China*, (Series F), Vol.44, No. 4, 249-258, 2001.

147. Chen, H. F. and Q. Wang, Adaptive regulator for discrete-time nonlinear nonparametric systems, *IEEE Trans. Autom. Control*, Vol.46, No.11, 2001, 1836-1840.

148. Chen, H. F., X. B. Cao and H. T. Fang, Stability of adaptively stabilized stochastic systems, *IEEE Trans. Autom. Control*, Vol. 46, No.11, 2001, 1832-1836.

149. Chen, H. F., Optimization based on information containing uncertainties, *Kybernetes*, Vol. 30, No. 9/10, 2001, 1177-1182.

150. Chen, H. F., Identification of both closed- and open-loop stochastic system while stabilizing it, *Journal of Systems Science and Complexity*, Vol. 15, No.

1, 2002, 1-17.

151. Yin, G. and H. F. Chen, Blind channel identification via stochastic approximation: constant stepsize algorithms, *Systems and Control Letters*, Vol.45, No. 5, 2002, 347-356.

152. Cao, X. B. and H. F. Chen, Equivalence of two kinds of stability for multidimensional ARMA systems, *Stochastic Theory and Control*, Ed. B. Pasik-*Duncan, Springer*, 2002, 83-96.

153. Chen, H. F., X. R. Cao and J. Zhu, Convergence of a stochastic approximation based algorithm for blind channel identification, *IEEE Trans. Information Theory*, Vol. 48, No. 5, 2002, 1214-1225.

154. Chen, H. F. and H. T. Fang, Nonconvex stochastic optimization for model reduction, *Journal of Global Optimization*, Vol. 23, 2002, 359-372.

155. Yin, G. and H. F. Chen, On asymptotic properties of a constant step-size sign-error algorithms for adaptive filtering, *Science in China* (Series F), Vol. 45, No. 5, 2002, 321-334.

156. Chen, H. F., Almost surely convergence of iterative learning control for stochastic systems, *Science in China* (Series F), Vol. 46, No. 1, 2003, 69-79.

157. Chen, H. F., Stochastic approximation with some applications, in Eds. David D. Yao, Hanqin Zhang, and Xun Yu Zhou, *Stochastic Modeling and Optimization*, Springer, New York, 2003, pp 87-109.

158. Chen, H.F. and G. Yin, Asymptotic properties of sign algorithms for adaptive filtering, *IEEE Trans. Autom. Control*, Vol. 48, No. 9, 2003, 1545-1556.

159. Chen, H. F., Noisy observation based stabilization and optimization for unknown systems, *Journal of Systems Science and Complexity*, Vol. 16, No. 3, 2003, 315-326.

160. Fang, H. T. and H. F. Chen, Blind channel identification based on noisy observation by stochastic approximation method, *Journal of Global Optimization*, Vol. 27, No. 2-3, 2003, 249-271.

161. Chen, H. F., On stability and trajectory boundedness in mean-square sense for ARMA processes, *Acta Mathematicae Applicatae, English Series*, Vol. 19, No. 4, 2003, 573-580.

162. Chen, H. F. and H. T. Fang, Output tracking for nonlinear stochastic systems

by iterative learning control, *IEEE Trans. Autom. Control*, Vol. 49, No. 4, 583-588, 2004.

163. Chen, H. F., Pathwise convergence of recursive identification algorithms for Hammerstein systems, *IEEE Trans. Autom. Control*, Vol. 49, No. 10, 2004, 1641-1649.

164. Chen, H. F. and J. M. Yang, Strongly consistent coefficient estimate for errors-in-variables systems, *Automatica*, Vol.41, 1025-1033, 2005.

165. Chen, H. F., X. R. Cao, H. T. Fang, and J. Zhu, Adaptive equalization for MIMO channels by a nonlinear deconvolution method, *IEEE Trans. Signal Processing*, Vol. 53, No. 8, 2635-2647, 2005.

166. Chen, H. F., Recursive identification for multidimensional ARMA processes with increasing variances, *Science in China, Series F, Information Science* Vol. 48, No. 5, 596-614, 2005.

167. Hu, X. L. and H. F. Chen, Strong consistency of recursive identification for Wiener systems, *Automatica*, Vol. 41, No. 11, 1905-1916, 2005.

168. Chen, H. F., Strong consistency of recursive identification for Hammerstein systems with piecewiselinear memoryless block, *IEEE Trans. Autom.* Control, Vol. 50, No. 10, 1612-1617, 2005.

169. Chen, H. F., Recursive identification for Wiener model with nonlinearity being discontinuous piecewise linear function, *IEEE Trans. Autom. Control*, Vol. 51, No. 3, 390-400, 2006.

170. Zhao, W. X. and H. F. Chen, Recursive identification for Hammerstein system with ARX subsystem, *IEEE Trans. Autom. Control*, Vol. 51, No. 12, 1966-1974, 2006.

171. Hu, X. L. and H. F. Chen, Identification for Wiener systems with RTF subsystems, *European Journal of Control*, Vol. 12, No. 6, 581-594, 2006.

172. Chen, H. F., Recursive system identification by stochastic approximation, *Communications in Information and Systems*, Vol. 6, No. 4, 253-272, 2006.

173. Hu, X. L. and H. F. Chen, Optimal adaptive regulation for nonlinear systems with observation noise, *Journal of Industrial and Management Optimization*, Vol 3, No. 1, 155-164, 2007.

174. Chen, H. F., and D. Cheng, Early developments of control theory in China,

in the Special Issue"On the Dawn and Development of Control Science in the XX-th Century," *European Journal of Control*, Vol. 13, No. 1, 25-29, 2007.

175. Chen, H. F., Recursive identification for multivariate Errors-in-Variables systems, *Automatica*, Vol. 43, No. 7, 1234-1242, 2007.

176. Chen, H. F., Adaptive regulator for Hammerstein and Wiener systems with noisy observations, *IEEE Trans. Autom. Control*, Vol. 52, No. 4, 703-709, 2007.

177. Hu, X. L. and H. F. Chen, Recursive identification for Wiener systems using truncated Gaussian inputs, *Asian Journal of Control*, Vol.10, No. 3, 2007.

178. Song, Q. J. and H. F. Chen, Identification of Errors-in-Variables systems with ARMA observation noises, *Systems and Control Letters*, Vol. 57, No. 5, 420-424, 2008.

179. Huang, Y. Q., H. F. Chen, and H. T. Fang, Identification of Wiener systems with nonlinearity being piecewise-linear function, *Science in China*, Series F, Vol. 51, No. 1, 1-12, 2008.

180. Huang, Y. Q. and H. F. Chen, Parameter identification of Wiener systems with ARMA linear subsystem and discontinuous piecewise-linear function, *Acta Mathematicae Applicatae Sinica*, (in Chinese) Vol.31, No. 6, 961-980, 2008.

181. Song, Q. J., and H. F. Chen, Identification for Wiener systems with internal noise, *Journal of Systems Science & Complexity*, Vol. 21, No. 3, 378-393, 2008.

182. Shen, D. and H. F. Chen, Iterative learning control for a class of nonlinear systems (in Chinese), *J. Systems Science & Math. Sciences*, Vol 28, No. 9, 1053-1064, 2008.

183. Chen, H. F., Recursive system identification, *Acta Mathematica Scientia*, Vol 29, No. 3, Series B, 650-672, 2009.

184. Chen, H. F., Solving problems from systems and control by root-seeking method for functions (in Chinese), *J. Sys. Sci. & Math. Scis*, Vol. 29, No. 10, 1299-1310, 2009.

185. Chen, H. F., Recursive identification for EIV ARMAX systems, Science in *China*, Series F, Vol. 52, No. 11, 1964-1972, 2009.

186. Zhao, W. X. and H. F. Chen, Adaptive tracking and recursive identification for Hammerstein systems, *Automatica*, Vol. 45, No. 12, 2773-2783, 2009.

187. Song, Q. J. and H. F. Chen, Nonparametric approach to identifying NARX systems, *Journal of Systems Science & Complexity*, Vol.23, No. 1, 3-21, 2010.

188. Chen, H. F., New approach to identification for ARMAX systems, *IEEE Trans. Autom. Control*, Vol. 55, No. 4, 868-879, 2010.

189. Chen, H. F. and W. X. Zhao, New method of order estimation for ARMA/ARMAX processes, *SIAM J. Control Optim.*, Vol. 48, No . 6, pp 4157-4176, 2010.

190. Zhao, W. X., H. F. Chen, and W. X Zheng, Recursive identification for nonlinear ARX systems, *IEEE Trans. Autom. Control*, Vol. 55, No. 6, 1287-1299, 2010.

191. Chen, X. M. and H. F. Chen, Recursive identification for MIMO Hammerstein systems, *IEEE Trans. Autom. Control*, Vol. 56, No. 4, 895-902, 2011.

192. Chen, H. F., H. T. Fang, and L. L. Zhang, Recursive estimation for ordered eigenvectors of symmetric matrix with observation noise, *Journal of Mathematical Analysis and Applications* Vol. 382, No. 2, 822-842, 2011.

193. Zhao, W. X., H. F. Chen, and T. Zhou, New results on recursive identification of NARX systems, *International Journal of Adaptive Control and Signal Processing*, Vol. 25, 855-875, 2011.

194. Chen, H. F. and W. X. Zhao, Identification of several typical classes of nonlinear systems (in Chinese), *J. Sys. Sci. & Math. Scis.* Vol. 31, No. 9, pp 1019-1044, 2011.

195. Fang H. T., H. F. Chen, and L. Wen, Consensus control for networked agents with noisy observations, *Journal of Systems Science and Complexity* Vol. 25, No. 1, 1-12, 2012.

196. Shen, D. and H. F. Chen, ILC for large scale nonlinear systems with observation noise, *Automatica*, Vol. 48, No. 3, 577-582, 2012.

197. Zhao, W. X. and H. F. Chen, Markov chain approach to identifying Wiener systems, *Science in China*, Series F, Vol. 55, No. 5, 1-17, 2012.

198. Mu, B. Q. and H. F. Chen, Recursive identification of Wiener-Hammerstein systems, *SIAM J. Control Optim.*, Vol. 50, No . 5, pp 2621-2658, 2012.

199. Chen, H.F. and B. Q. Mu, Recursive identification for Errors-in-Variables systems: From linear to nonlinear systems (in Chinese), *J. Sys. Sci. & Math. Scis.* Vol. 32, No. 10, pp 1180-1192, 2012.

200. Zhao, W. X. and H. F. Chen, Identification of Wiener, Hammerstein, and NARX systems as Markov chains with improved estimates for their nonlinearities, *System and Control Letters* Vol. 61, pp1175-1186, 2012.

201. Chen, H. F., Stochastic approximation with expanding truncations (in Chinese), *Journal of Systems Science and Mathematical Sciences*, Vol. 32, No. 12, 1472-1487, 2012.

202. Shen, D. and H. F. Chen, A Kiefer-Wolfowitz algorithm based iterative learning control for Hammerstein-Wiener systems, *Asian Journal of Control*, Vol. 14, No. 4, pp. 1070C1083, July 2012.

203. Mu, B. Q. and H. F. Chen, Recursive identification of MIMO Wiener systems, *IEEE Trans. Autom. Control*, Vol. 58, No. 3, pp 802-808, 2013.

204. Mu, B. Q. and H. F. Chen, Recursive identification of Errors-in-Variables Wiener systems, *Automatica*, Vol. 49, No. 9, 2744-2753, 2013.

205. Zhao, W. X., H. F. Chen, and H. T. Fang, Convergence of distributed randomized PageRank algorithms, *IEEE Trans. Autom.* Control, Vol. 58, No. 12, pp 3255-3259, 2013.

206. Mu, B. Q. and H. F. Chen, Recursive identification of Errors-in-Variables Wiener-Hammerstein systems, *European Journal of Control*, Vol. 20, 14-23, 2014.

207. Mu, B. Q. and H. F. Chen, Hankel matrices for systems identification, *Journal of Mathematical Analysis and Applications*, Vol. 409, No. 1, 494-508, 2014.

208. Zhao, W. X. and H. F. Chen, Recursive identification of stochastic systems: From individual system to a general framework (in Chinese), *Control Theory and Its Applications*, Vol. 31, No. 2, 962-973, 2014.

209. Mu, B. Q., H. F. Chen, L. Y. Wang, and G. Yin, Characterization and identification of matrix fraction descriptions for LTI systems, *SIAM J. Control and Optimization*, Vol. 52, No. 6, 3694- 3721, 2014.

210. Chen, H. F., Recursive approach to solving problems from systems and control (in Chinese), *Control Theory and Its Applications*, Vol. 31, No.12, 1-8, 2014.

211. Mu, B. Q. and H. F. Chen, Recursive identification of multi-input multi-output Errors-in-Variables Hammerstein systems, *IEEE Trans. Autom. Control*, Vol. 60, No. 3, 843-849, 2015.

212. Lei, J. L. and H. F. Chen, Distributed randomized PageRank algorithm based on stochastic approximation, *IEEE Trans. Autom. Control*, Vol. 60, No. 6, 1641-1646, 2015.

213. Chen, H. F., Parameter estimation in systems and control, Proceedings of the Sixth International Congress of Chinese Mathematicians, ALM 36, pp 25-41, Higher Education Press and International Press, Beijing-Boston, 2016.

214. Zhao, W. X., H. F. Chen, E. W. Bai, and K. Li, Kernel-based local order estimation of nonlinear nonparametric systems, *Automatica*, Vol. 51, 243-254, 2015.

215. Lei, J. L. and H. F. Chen, Distributed estimation for parameter in heterogeneous linear time-varying models with observations at network sensors, *Communications in Information and Systems*, Vol. 15, No. 4, 423-451, 2015.

216. Chen, H. F., Parameter estimation in systems and control, *Proceedings of the Sixth International Congress of Chinese Mathematicians*, ALM 36, pp 25-41, Higher Education Press and International Press, Beijing-Boston, 2016.

217. Lei, J. L., H. F. Chen, and H. T. Fang, Primal-dual algorithm for distributed constrained optimization, *Systems and Control Letters*, 96, 110-117, 2016.

218. Mu, B. Q., H. F. Chen, L. Y. Wang, G.Yin, and W. X. Zheng, Recursive Identification of Hammerstein Systems: Convergence Rate and Asymptotic Normality, *IEEE Trans. Autom. Control*, Vol.62, No. 7, 2017, 3277-3292.

219. Zhao, W. X., H. F. Chen, R. Tempo, and F. Dabbene, Recursive nonparametric identification of nonlinear systems with adaptive binary sensors, *IEEE Trans. Autom. Control*, Vol.62, No.8, 2017, 3959-3971.

220. Liu, R. and H. F. Chen, Distributed and Recursive Blind Channel Identification to Sensor Networks, Control Theory and Technology, V.15, No. 4, 274-287, 2017.

221. Lei, J. L., H. F. Chen, and H. T. Fang, Asymptotic properties of primal-dual algorithm for distributed stochastic optimization over random networks with imperfect communications, *SIAM Journal on Control and Optimization*, Vol.

56, No. 3, 2157-2188, 2018.

222. Feng, W. H., and H. F. Chen, Output consensus of networked Hammerstein and Wiener systems, *SIAM Journal on Control and Optimization*, Vol. 57, No.2, 1230-1254, 2019.

223. Lei, J. L., and H.-F. Chen, Distributed stochastic approximation algorithm with expanding truncations, *IEEE Transactions on Automatic Control*, Vol. 65, No. 2, 2020, 664-679.

后　　记

在聆听陈翰馥自述的时候，常常听他这样结束自己的故事："我只是一个普通人……"他的一个学生也提到："陈老师是一个没有故事的人。"是的，陈翰馥走过的路没有太多惊涛骇浪、石破天惊。但是，他那看似平凡的经历中，却有着不平凡的执着：对事业的不懈追求和对人生的一丝不苟。读懂他那"没有故事的故事"，或许会给你的人生，包括你的求学、爱情、家庭、事业，带来许多有益的启迪。

最后，还用陈翰馥八十岁生日影集中的《后记》作为本书后记的结尾。

这是一篇极尽震撼的人生故事，
这是一首沁人心肺的命运之歌。
一位学术界的将门虎子，
带着上帝情有独钟的聪颖，
伴着自己目标如一的努力和执着，
把握住一纵即逝的机遇，
终于铸就了
一位成功的学术宗师。
我们尊重您
不仅因为您学问广博、见识过人，
更因为您虚怀若谷、诲人不倦。
我们热爱您
不仅因为您耿直正派、德高望重，
更因为您仁慈博爱、助人为乐。
愿您永久带领着我们
让生命的航程
在通往成功的搏击中
走得更稳！